우리 몸에 약이 되는

꽃차 요리

우리 몸에 약이 되는 꽃차 요리

지은이 | 최양수, 김현희
펴낸이 | 배기순
펴낸곳 | 하남출판사

초판3쇄 발행 | 2015년 8월 31일

등록번호 | 제10-0221호

서울시 종로구 관훈동 198-16 남도B/D 302호
전화 (02)720-3211(代) | 팩스 (02)720-0312
홈페이지 http://www.hnp.co.kr
e-mail : hanamp@chollian.net, hanam@hnp.co.kr

ISBN 978-89-7534-190-8(03690)

- 66

우리 몸에 약이 되는

꽃차 요리

최양수 · 김현희 지음

하남출판사

제1부 향긋한 꽃 향기 입 안에 머물다

꽃차

봄의 화사함을 전하는 꽃

여름의 생명력을 머금은 꽃

가을의 풍성함을 전하는 꽃

겨울의 혹독함을 이기는 꽃

제 2부 철 따라 피고 지는 우리 꽃을 느끼다

꽃으로 빚은 요리

식용꽃을 구하는 방법

본문에 나오는 식용꽃들은 산행이나 여행길 중에 주위의 산과 들, 언덕 등지에 조금만 관심을 가지고 살펴보면 쉽게 찾을 수 있다. 또는 평소에 좋아하던 꽃의 씨앗을 얻어 집 주위의 텃밭이나 화분에 심어 재배하면, 더욱 깨끗하고 정성이 들어간 꽃을 얻을 수 있다. 요즘에는 인터넷에 접속하여 '식용꽃' 이라는 검색어를 넣으면, 먹는 꽃을 판매하는 업체를 쉽게 찾아볼 수 있다.

향긋한 꽃 향기 입 안에 머물다

꽃차 茶

꽃으로 차를 만들 때에는 꽃의 성질을 잘 이해하여 본래의 색과 향, 맛이 변하지 않도록 한다.

만드는 법

건조차

꽃의 생명은 화려한 아름다움이므로, 건조할 때에는 꽃 본연의 색을 최대한 살릴 수 있도록 주의한다.

1. 꽃잎을 채취한다.
2. 연한 소금물에 살짝 씻어, 미세 먼지와 오염된 부분을 소독한다.(오래 담가두지 않는다)
3. 채반에 건져내어 물기를 제거한다.
4. 꽃잎이 부서지거나 손상되지 않도록, 한지를 깔고 바람이 있는 그늘에서 조심스럽게 말린다.
   (두꺼운 꽃잎을 가진 꽃은 따뜻한 바닥에서 건조하거나, 전자레인지에 넣어 습기를 완전히 제거한다)

꽃잎을 건조시킬 때 주의할 점

- 꽃잎을 건조시킬 때에는 방습 효과가 큰 한지를 이용하는 것이 좋다.
- 꽃잎을 건조시킬 때, 손길을 많이 주는 것은 좋지 않다.
- 국화, 민들레와 같이 향이 강하고 신맛이 강한 꽃은 찜 솥에 쪄서 말린다.
- 스프레이 용기에 연한 설탕물을 넣어 2~3회 뿌리면서 건조하면 맛이 부드러워진다.

발효차

연한 꽃잎을 가진 꽃의 경우에는 꽃잎이 상하는 것을 방지하기 위하여, 발효의 방식으로 꽃차를 만든다.

1. 꽃잎을 채취하여 손질한다.
2. 꽃잎과 흑설탕을 동일한 비율로 넣고 발효시킨다.
3. 밀폐 용기에 넣어 그늘에서 보관한다.
4. 15일 후, 꽃잎이 완전히 잠기도록 물엿이나 꿀을 첨가하여 2차 발효시킨다.

Tip

발효액은 질병 치료나 약으로 이용하는 경우가 많으므로, 꽃잎을 발효시킬 때에는 기본적으로 **흑설탕**을 사용한다. 그러나 재료 본연의 향과 색과 맛을 더욱 살리고 싶을 때에는 **황설탕**을 이용하여도 좋다. 단, 본문에 명시되어 있는 발효의 기간은 꼭 지켜야 한다.

우리는 법

- 예쁜 꽃과 향기롭게 피어 있는 생화를 느끼려면, 유리다관에 정량을 넣고 뜨거운 물을 부어 2~3분간 우려낸 뒤 마신다.(오래 우려내면 맛이 떨어진다)
- 2회 정도 우려낸 녹차에 몇 송이의 꽃차를 첨가하여 뜨거운 물에 2~3분간 우려내어 마시면, 녹차와 꽃송이가 어우러져 자연의 기를 느낄 수 있다.
- 발효한 차는 냉수에 희석하여 마신다.
  이 때, 발효액과 같은 종류의 꽃으로 만든 얼음 꽃을 유리잔에 함께 담아내면 차의 풍미를 더할 수 있다.

보관하는 법

- 완전히 건조한 꽃잎을 밀폐 용기에 담아 방습제를 함께 넣어 보관한다. 전용 냉장고를 마련하여 보관하면, 꽃의 색을 오래 유지할 수 있다.
- 효소로 발효시킨 꽃차는 채에 거른 후, 유리병에 담아 냉장 보관한다.

활용하는 법

- 뜨거운 목욕물에 꽃잎을 띄워 몸을 담그면, 진정 효과가 있어 피로감이 완화된다.
- 차로 우려낸 꽃차를 다시 말려서 냉장고에 넣어 두면, 묵은 냄새를 제거한다.
- 꽃차를 우려낸 물로 화전이나 송편의 반죽에 사용하면 색과 향이 살아난다.
- 오래된 꽃차를 팬에 살짝 볶아 말려서 방향제로 이용한다.
- 꽃차 주머니를 만들어 현관이나 방문에 걸어 두면, 방습 효과를 볼 수 있다.

은행나무꽃차

마른 가지 위에 뿌려진 파스텔 빛의 물감과 같은 꽃

봄비가 밤새 내린 어느 새벽. 창문 밖의 풍경을 보고 황홀감에 눈물을 고이던 기억이 있다.
내 몸 안에 퍼져 있는 알 수 없는 희망과, 밤새 울어 퉁퉁 부은 내 모습을 잊어버리고 싶다는 상반된 욕망이
파스텔 톤의 햇빛에 흡수되었던 그 시간.
손톱만큼 싹이 돋아 꽃일까 잎일까 조심스럽게 지켜보게 하던 은은한 모습의 꽃은,
물오름 잎 사이로 삐죽 고개 내민 희망인가.
바람 한 줄기에 못 견디어 하늘거리는 여린 잎과 같이 아기가 되어버린 그 날.

은행나무꽃

은행나무꽃 차

- 깨끗이 손질된 꽃을 그늘에서 잘 말린다.
- 마른 꽃을 두꺼운 팬에 살짝 볶는다.
- 1~2 시간 더 건조시킨다.
- 2~3 티스푼을 끓는 물에 부어 1~2분간 우려내어 마신다.
(연한 은행잎을 섞어 사용하면 맛이 한결 감미롭다.)

은행나무잎 차

- 5~6월에 채취한 신선한 잎을 따서 소금물에 씻어 말린다.
- 말린 잎을 두꺼운 냄비에서 살짝 데쳐낸다.
- 햇볕에 바싹 건조시킨다.
(잎차를 찌지 않고 햇볕에 말리면 맛과 색이 곱지 않게 된다)

01 봄의 화사함을 전하는 꽃

주의점

꽃잎을 씻어 물기를 뺀 후, 한지 위에 널어 말리면 한결 깨끗하게 건조된다.

꽃잎을 말릴 때에는 손으로 자주 만지지 않도록 한다.

은행나무잎 발효액

- 7~8월에 열매가 달리지 않은 잎을 채취하여 썬다.
- 넓은 그릇에 동량의 흑설탕을 넣고 버무린다.
- 항아리에 눌러 담아 용기의 70% 정도를 채운다.
- 윗부분은 흑설탕을 넣어 얇게 편다.
- 나무젓가락이나 대나무를 질러 놓고, 돌을 얹어 눌러 준다.
- 한지로 덮어 고무줄로 봉한 후, 뚜껑을 덮는다.
- 일주일 정도 후에 내용물을 뒤집어서 다시 눌러 둔다.(3~4회 반복한다)
- 6개월 정도 서늘하고 그늘진 곳에서 발효시킨다.
- 채에 걸러 6개월에서 1년 정도 다시 숙성시킨다.

은행나무 Ginkgo biloba **개화 시기** : 5월 **맛과 성질** : 맛은 달고 쓰고 떫으며 성질은 평하다.

효능 및 성분 公孫樹(공손수), 鴨脚樹(압각수)라고 한다. 은행나무에는 '플라보노이드' 라는 성분이 있어, 살균 · 살충의 기능이 강하다. 은행에는 간놀, 펙틴, 히스티딘, 전분, 단백질, 지방, 당분이 많이 들어 있어서 폐결핵 환자가 먹으면 기침이 없어지고, 가래가 적게 나온다. 또한 레시틴과 비타민 B의 모체가 되는 엘고스테린이란 성분이 들어 있어 성욕감퇴, 뇌빈혈, 신경쇠약, 전신피로 등에 효과를 보이며, 뇌혈관을 개선해 준다. 은행잎에는 징코라이드 A, B, C 와 진놀, 프라보솜 등의 성분이 들어 있는데, 이는 말초 혈관 장애, 노인성 치매 등을 치료 예방하고, 혈액 순환을 원활히 하며, 심장과 폐를 튼튼하게 한다.

민들레꽃차

귀여움이 가득해 알지 못하는 사이
손을 대어 쓰다듬는 꽃

봄이면 길가에서 흔히 마주치는 꽃.
무심한 지아비를 투정 없이 따르는 아낙과 같다.
자신을 낮추고 모두를 맑은 미소로 대하니 한결같은 모습이 다정하다.
밟히고 밟히어도 다시 서는 강인한 생명력으로 많은 보시(布施)를 하며,
큰 기대로 미련도 없이 피고 지지만
그 흔적은 온기를 남긴다.

민들레 꽃

민들레꽃 차

- 김이 오른 찜기에 꽃을 넣고 1~2분간 찐다.
- 쪄낸 꽃을 채반에 널어 그늘에서 70% 정도 말린다.
- 분무기에 연한 소금물을 넣어 말린 꽃에 골고루 뿌린 후 다시 바싹 말린다.
- 마른 꽃을 차를 덖는 팬에 넣고 타지 않도록 볶아 말린다.
- 말린 꽃봉오리 1~2개를 찻잔에 넣고 뜨거운 물을 붓는다.
- 약 2~3분간 우려내어 마신다(3회 정도).

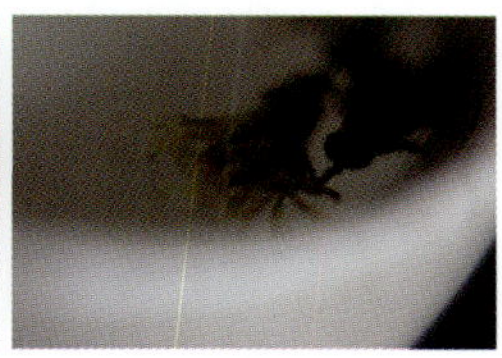

민들레꽃 발효액

- 꽃봉오리를 손질하고 깨끗이 씻는다.
- 동량의 흑설탕이나 꿀을 넣어 재워 둔다.
- 15일 정도 지난 후 걸러내어, 1년 이상 발효시킨다.

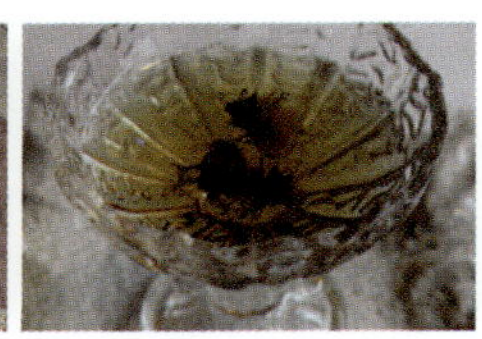

민들레 활용법

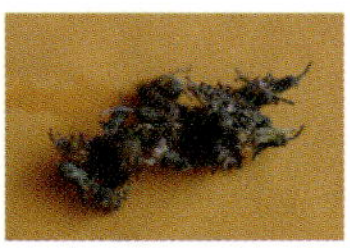

1. 뿌리를 깨끗이 씻은 후 잘게 썰어 찜솥에 찌고, 연한 소금물을 뿌려 말린 후 끓여 마신다.
2. 발효액은 샐러드에 첨가하기도 한다. (쌉쌀한 맛)
3. 생(生)잎은 쌈으로 이용하며, 겉절임이나 산야초 샐러드에 넣어 이용한다.
4. 봄, 가을의 전초로는 김치를 담근다.

민들레 Taraxacum mongolicum **채취 시기** : 3~4월 **맛과 성질** : 맛은 쓰고 달며 성질은 차다.

효능 및 성분 蒲公英(포공영)이라고 한다. 잎이나 뿌리를 끊이면 쓴맛을 내는 흰색 액체엔 타락세롤과 카페인 등이 함유되어 있어, 청열 · 해독 작용을 하고, 외용하면 소종 · 배농의 효과가 있다. 또한 건위 작용을 하여 예부터 민간에서는 가래약으로 기침과 폐결핵에 민들레를 사용하였다. 민들레는 또 항균과 소염작용이 우수하며, 이뇨제로서 신석증, 대장염, 위궤양 등에 쓰며, 비경과 위경에 작용한다. 열을 내고, 독을 풀며, 목감기를 흩어지게 하는 효능도 보인다.

개나리꽃차

추억 속에서도
따스한 생명력을 주는 꽃

사람의 손길이 닿지 않은 곳에 핀 꽃이 약효에 좋다고 하지만,
봄철 들풀과 같은 무성한 꽃들은
우리에게 보시(布施)를 하는 보물과 같다.
어린 시절의 추억과 동심을 일러 주는 것만 같은 꽃.
재잘거리는 봄날을 맞게 한다.

개나리꽃

개나리꽃 차

- 꽃을 손질하여 소금을 연하게 넣은 냉수에 씻는다.
- 한 송이씩 펴서 그늘에 널고 바싹 건조시킨다.
- 밀폐 용기에 넣어 냉장 보관한다.
- 꽃잎을 서너 송이 정도 녹차에 띄워 마신다.

개나리꽃 발효액

- 꽃잎과 흑설탕을 겹겹이 재운다.
- 보름간 숙성시킨다.
- 거름망으로 내린 후, 다시 1년 정도 숙성시킨다.

개나리꽃 술

- 활짝 핀 개나리꽃을 따서 연한 소금물에 깨끗하게 씻는다.
- 그늘진 곳에 한지를 깔고 물기를 제거한다.
- 준비된 개나리꽃에 동량의 소주(35℃정도)를 넣어, 항아리나 유리병에 붓고 완전히 밀봉한다.
- 서늘한 곳에서 약 2개월 정도 숙성시킨다.
- 채에 받쳐 찌꺼기를 건져낸다.
- 꿀이나 흑설탕을 첨가하여, 잠자리에 들기 전에 소주잔으로 한 잔씩 복용한다.

개나리주(酒)

예부터 약으로 쓰는 개나리주(酒)는 봄에 개나리꽃을 따서 깨끗이 씻은 후에 술을 담근 것으로, 여자들의 미용과 건강에 좋다.

꽃을 술로 숙성시키는 동안에는 햇볕과 공기를 차단하여 꽃의 성분이 날아가지 않도록 하며, 숙성이 끝난 후에 너무 독하게 발효가 되었을 경우에는 뚜껑을 열어 하루 정도 두었다가 밀봉하여 둔다.

개나리 Forsythia koreana Nakai. **개화 시기** : 4~5월 **맛과 성질** : 맛은 쓰며 성질은 차다.

효능 및 성분 連翹(연교)라고 한다. 과피에는 올레아놀산이 함유되어 있어 강심, 이뇨 작용을 한다. 방광의 습열을 제거하는 데에도 효과가 있다. 또한 포르시톨, 스테로이드, 사포닌, 플라보놀류 및 마테레지노이드가 함유되어 있어, 발열증상의 초기에나 고열, 번조, 구갈, 피부발진이 보이는 경우, 외과의 창양종독, 옹저, 습진 등의 치료에 쓰인다. 특히 고열을 내리는 효과가 있어 상용 해열제로 사용된다.

복숭아나무꽃차

열매를 맺는 꽃 중
가장 귀엽고 어여쁜 꽃

여인의 속살인 양 연분홍의 여린 꽃잎이 사랑스럽다.
연한 분홍빛 속살의 감미로움.
불면 떨어질듯 한 가냘픈 몸짓에 애간장이 타지 않을 사람은 누구인지.
들에 생기와 설렘을 불어 넣고,
많은 이들에게 사랑을 받고 자라니 행복을 품고 태어난 꽃이다.

복숭아나무꽃

복숭아나무꽃 차

- 꽃잎을 꽃자루 부분까지 따서 깨끗이 손질한다.
- 손질한 꽃을 그릇에 넣고 옅은 소금물로 헹구듯이 씻는다.
- 채에 받쳐 물기를 뺀다.
- 반그늘에 한지를 깔고 건조시킨다.
- 밀폐 용기에 보관한다.
- 찻잔에 끓인 물을 넣고, 꽃을 1~2 송이 띄워 마신다.

04 봄의 화사함을 전하는 꽃

복숭아나무꽃 발효액

- 꽃잎을 손질하여 그늘에서 7일간 말린다.
- 건조된 꽃잎을 강한 햇볕에 2~3시간 더 말린다.
- 꽃잎과 동일한 양의 흑설탕을 넣고 잰다.
- 보름 정도 숙성시킨다.
  (1년 이상 2차 발효시켜서 이용해도 좋다)
- 1 티스푼(약 15g)을 뜨거운 물에 타서 마신다.

복숭아꽃 활용법

복숭아꽃은 독이 없어, 발효시켜 마사지에 이용하면 기미 치료에 효과적이다. 때문에 예부터 조선시대 궁중(宮中)과 반가(班家)의 여인들은 복숭아꽃을 미용식으로 애용하였다.

특히, 거즈에 복숭아꽃 술을 적셔 냉장고에 두었다가 차갑게 하여 얼굴팩으로 이용하면 기미 제거에 효과를 볼 수 있다.

복숭아나무꽃 술

- 갓 피어난 복숭아 꽃을 채취하여 소주에 담근다.
  (용기의 1/3을 꽃으로, 나머지는 소주로 채운다)
- 약 7일 정도 후에 걸러낸 후, 1년 이상 발효시킨다.
- 하루에 한 잔씩 마신다.

복숭아나무 Prunus persica Batsch **개화 시기** : 4~5월 **맛과 성질** : 맛은 쓰고 달며 성질은 평하다.

효능 및 성분 도인(桃仁)이라고 한다. 복숭아 나뭇잎을 우려낸 물로 목욕을 하면 피부가 고와지며, 씨를 짠 기름을 물과 섞어 얼굴에 바르면 땀띠, 기미, 여드름이 없어진다. 복숭아 씨는 약성이 온순하고 부작용이 적어 임부를 제외하고 두루 쓴다. 혈관벽 응고로 생기는 하복통, 생리통에 효과가 좋다. 윤장 작용도 하여 노인의 변비나 수술 후에 생기는 일시적인 변비에 쓰인다. 중풍으로 인한 반신불수에도 효과가 있다. 관상동맥을 확장하여 협심증의 치료에 사용되며, 신경통, 관절통 등에도 사용된다. 또, 해독의 효능이 있어 염증을 미리 없애고 농이 생성되는 것을 방지한다.

수수꽃다리꽃차

마술과 같은
사랑의 향기를 주는 꽃

향긋한 끌림에 취해 입에 대어 보면 곧 퍼지는 강한 쓴 맛.
이루지 못할 사랑의 고통을 알리는 것 같아 짠한 여운이 남는다.
보랏빛 외향이 보는 이에게 강한 흥분을 주지만,
내면의 모습을 알면 인내의 시간이 느껴지는 꽃.
사랑의 양면을 깨닫게 하는 꽃이다.

수수꽃다리 꽃

수수꽃다리꽃 차

- 꽃잎을 한 장씩 뽑아내어 손질한다.
- 그늘에 한지를 깔고 말린다.
  (이때의 갈변은 자연스러운 현상이나, 햇볕을 차단하고 따뜻한 곳에서 말리면 시간을 단축시키고 갈변을 막을 수 있다)
- 쓴맛이 있기 때문에 1~2분 정도만 우려내며, 오래 우리지 않는다.

수수꽃다리

수수꽃다리(Syringa dilata)는 '수수 같은 꽃이 줄기에 달렸다'라는 의미에서 나왔으며 황해도와 평안도에서 자라는 북한지역 특산 식물로 우리 나라 토종 라일락이다.

수수꽃다리꽃 발효액

- 꽃과 잎을 가지 째 채취하여 깨끗하게 손질한다.
- 손질한 꽃을 잘게 썰어, 동량의 흑설탕에 버무려 항아리에 담는다.
  (수수꽃다리꽃은 쓴 맛이 강하기 때문에 설탕이 고루 섞이도록 하며, 가스가 생길 수 있으므로 항아리의 70% 정도만 채운다)
- 일주일에 한 번씩 저어 준다.
- 한 달 정도 후에 즙액을 걸러내고, 1년 가량 더 숙성시킨다.

수수꽃다리 Syringa dilatata Nakai **개화 시기** : 4월 **맛과 성질** : 맛은 쓰며 성질은 따뜻하다.

효능 및 성분 廣葉野丁香(광엽야정향), 暴馬子(폭마자)라고 한다. 일반적으로 '라일락'이라고 불리는 꽃이다. 정유가 주성분으로 이를 추출하여 향수로 이용한다. 우리 나라에서도 예부터 수수꽃다리의 꽃봉오리를 그늘에 말려 방향제, 목욕제로 이용하고 향낭이나 향갑에 넣어 몸에 지녔으며, 부인의 품위를 높이는 향기라 하여 귀중시하였다. 항균과 소염의 효능이 있기 때문에 피부염과 여름철 이질에 잎을 따서 이용한다.

벚꽃차

하늘거리며 떨어지는
꽃비의 기쁨을 주는 꽃

봄날의 찬 기운이 채 가시지 않은 밤.
하얗게 피어나는 꽃이 보는 이의 마음을 일렁이게 만든다.
고목의 가지마다 무리지어 토해내는 열기는 외로움을 참지 못해 흐느끼는 듯 하고,
사랑받고 싶고 사랑해주고 싶다고 속삭이는
향연(饗宴)을 베푸는 듯하다.

벚꽃

벚꽃 차[1]

산왕벚꽃

- 벚꽃의 꽃잎을 떼어내고 깨끗이 손질한다.
- 손질한 꽃잎을 연한 소금물에 씻어 6~8일간 건조시킨다.
- 찻잔에 건조시킨 꽃 3~4송이를 넣고 뜨거운 물을 부어 우려내어 마신다.
  (달콤한 향이 있는 꽃은 팬에 타지 않도록 덖어 식힌 후 밀폐용기에 보관하는 것이 좋다)

벚나무는 일본에서 도입된 것으로 알려져 있었는데, 최근 왕벚꽃나무의 자생지가 우리나라의 제주도와 전라남도 대둔산 일대인 것이 밝혀졌다.

벚꽃 차[2]

- 싱싱한 꽃잎을 모아 잘 씻는다.
- 약간의 설탕을 넣어 버무린 후, 3일 정도 후에 설탕이 녹으면 꿀을 첨가하여 벚꽃청을 만든다(꽃잎을 처음부터 꿀에 재면 꽃모양이 흐트러질 수 있다).
- 약 한 달 정도 후에 음용한다.
- 벚꽃청 1 티스푼(15g)에 끓는 물을 붓고, 우려내어 마신다.

벚꽃 발효액

숙성이 잘된 발효액은 아무것도 첨가하지 않고 음용할 수 있지만, 보통은 효소액 2~3 : 물 8의 비율로 희석하여 이용한다.

- 꽃잎을 채취하여 손질한다.
- 꽃잎과 동량의 흑설탕을 넣고 잰다.
- 15일 정도 발효시킨다.
- 채에 받쳐 걸러 낸다.
- 6개월 이상 다시 숙성시킨다.
- 물에 희석하여 음료로 이용한다.

벚꽃 **Prunus serrulata var. spontanea** **개화 시기** : 4~5월 **맛과 성질** : 맛은 쓰고 성질은 차다.

효능 및 성분 山櫻花(산앵화)라고 한다. 벚꽃은 숙취, 구토증, 해독 작용, 천식 치료에 탁월한 효능을 보이는데, 차로 이용하면 화사한 꽃내음까지 즐길 수가 있어 예부터 귀족들이 즐겨 마셨다고 한다. 벚나무의 껍질에는 '사쿠라닌'이라는 물질이 들어 있는데, 해수와 기침에 특효약이다. 속껍질은 식중독, 생선 중독, 버섯 중독에도 효과가 있다. 벚나무 껍질을 달여 차로 마시면 기관지와 폐가 튼튼해지고, 위장 기능이 좋아지며, 피부도 고와진다. 잎에는 '쿠마린'이라는 성분이 들어 있는데, 음식물이 쉽게 상하지 않게 하는 작용을 하며, 피부병에도 효과가 있어 땀띠, 습진, 피부병 등에 바르면 잘 낫는다.

살구꽃차

달콤한 향기가
유혹의 절정으로 치닫는 꽃

담 너머 아기의 발그레한 볼처럼 예쁘장한 꽃이 피어났다.
보는 이에게 안정감과 생기를 느끼게 해주는 은은한 핑크빛의 작은 봉우리.
달콤한 향내에 취해 내 작은 찻잔에 띄워 보면
그 몸짓의 황홀함에 또 다시 취한다.

살구꽃

살구꽃 차

- 꽃잎을 채취하여 손질한다.
- 바람이 잘 통하는 곳에서 바싹 말린다.
- 3~4 송이 분량을 뜨거운 물에 넣어 마신다.

주의점

특유의 달콤한 향내로 인해 개미와 벌이 많으므로, 봉오리나 개화하기 시작한 꽃을 채취하며 활짝 핀 꽃은 피한다.

살구꽃은 독이 없고, 색이 고와 얼음꽃으로 이용하기도 한다.

살구꽃 발효액

- 꽃잎을 채취하여 손질한다.
- 꽃잎의 밑을 떼어 낸다.
  (깨끗한 꽃차를 음용하기 위해서는 진이 나와 끈적한 밑둥이를 제거하는 것이 좋다)
- 꽃잎과 동일한 양의 흑설탕을 넣고 잰다.
- 5~7일 동안 숙성 발효시킨다.
- 채에 받쳐 걸러낸다.
- 4개월 정도 다시 발효시킨다.

살구나무 Prunus armeniaca var. **개화 시기** : 4월 **맛과 성질** : 맛은 시고 달며 성질은 따뜻하다.

효능 및 성분 杏仁(행인), 杏木(행목)이라고 한다. 행인은 폐의 전문약으로서 기를 내리게 하는 작용이 있으며, 열이 있는 사람은 청열약으로, 몸이 찬 사람은 온열약으로, 표사가 있는 사람은 발표약으로 각각 배합하여 사용한다. 행인은 첨행인(甛杏仁)과 고행인(苦杏仁)의 구별이 있지만 종자에 아미그달린의 함량이 차이가 있을 뿐 식물 형태학적 차이는 크게 없다. 고행인은 납작하며 폐를 식히고, 첨행인은 통통하며 폐허의 증상에 사용한다. 또한 열매에는 비타민 A와 천연 당류가 풍부하며, 말린 열매에서는 철분을 섭취할 수 있다. 열매인 살구의 90% 정도를 차지하는 과육은 대부분 당으로 이루어졌지만, 인과 단백질, 지방, 철분의 함유량이 높다. 다른 과일에 비하여 비타민C 함유가 적은 대신, 비타민A가 풍부하다. 이것은 살구에 들어있는 베타카로틴 성분 때문인데, 몸 안에서 프로비타민A의 효과를 나타내는 원동력이다. 황색의 과일이나 야채에 많이 함유되어 있는 베타카로틴은 비타민C와 함께 폐암을 예방하는 것으로 알려져 있는데, 췌장암에도 탁월한 효과를 보인다.

산수유나무꽃차

가을에 맺는 빨간 열매와 같이
희망이 담겨 있는 꽃

봄날의 나른함과 피곤함이 몰려오면 공원에 나가 산수유를 본다.
삶의 가치를 깨우쳐 주고 자연의 기운까지 선물해 주는 꽃.
초심을 잃어버렸다고 느껴질 때 산수유를 찾아가면
새 삶의 의지를 얻을 수 있다.

산수유나무꽃

산수유나무꽃 차

- 꽃을 봉오리 째 채취한다.
- 깨끗하게 손질한다.
- 연한 소금물에 씻어 채에 받친다.
- 그늘에서 7일 정도 말린다.

산수유나무꽃과 생강나무꽃의 구별

▲ 산수유나무꽃

산수유나무꽃은 잎에서 조금 떨어져 꽃이 피며, 총상이 길어 약간 듬성하게 보인다.

▲ 생강나무꽃

생강나무꽃은 잎과 꽃의 간격이 좁고 촘촘하다.

산수유나무꽃 술

- **재료** : 말린 산수유 열매 30g(生으로는 500g), 청궁 20g, 지황(生 · 乾 모두 좋다) 40g, 소주 1.8L
- 말린 산수유에 청궁과 지황을 넣고 소주를 넣는다.
- 용기에 넣고 밀봉한 후, 냉암소에서 1년 동안 발효 숙성시킨다.
- 하루 200~300cc정도 마신다.(1일 1회)

산수유 Cornus officimalis S. et Z. **개화 시기** : 3~4월 **맛과 성질** : 맛은 시고 떫고 성질은 따뜻하다.

효능 및 성분 紅棗皮(홍초피)라고 한다. 과육에는 코르닌 모로니사이드, 로가닌, 탄닌, 사포닌 등의 배당체와 포도주산, 사과산 등의 유기산이 함유되어 있고, 그 밖에 비타민 A와 다량의 당이 포함되어 있다. 예부터 한방에서 귀중한 약재로 이용된 산수유는 햇것일수록 자홍색의 광택과 윤기가 있고, 씨를 빼낸 터진 자리가 보이며 속은 비어 있다. 음을 도우는 약물과 배합하여 간, 신, 음허의 증세에 사용하면 탁월한 효과가 있으며, 유정, 다한, 유뇨, 월경과다 등에 대해 고삽 효과를 갖는다. 또 혈압의 고저를 조정하며, 간염을 치료하고, 저항력을 증강하는 작용도 하여 병후의 요양약으로 쓰면 좋다.

조팝나무꽃차

무수한 꽃잎만큼 진한 향기로
사랑을 유혹하는 꽃

눈이 내린 듯 소복한 꽃 무더기 위에 벌들이 바삐 움직인다.
바람에 흔들리는 가느다란 가지마다 고향의 들을 떠오르게 하니,
조용히 눈을 감고 어린 시절 친구들을 기억해 낸다.
작고 하얀 꽃송이들이 꿀을 바른 튀밥과 같다.
행여 꽃잎이 다칠까 조심히 다가서면
나란히 자리한 꽃들이 앞을 다투며 사랑을 속삭인다.

조팝나무꽃

조팝나무꽃 차[1]

- 꽃봉오리가 좁쌀만하게 피면 잎과 함께 채취한다.
- 김 오른 찜통에 꽃을 넣고 살짝 찐다.
- 채반에 얇게 펴서 그늘에서 말린다.
- 물기 없이 건조시킨 후, 밀폐 용기에 보관한다.

조팝나무꽃 차[2]

- 꽃을 훑어서 다듬는다.
- 그늘에서 5일, 햇볕에서 2~3일 건조시킨다.
- 1 티스푼에 80~90℃의 뜨거운 물을 부어, 1~2 분간 우려내어 마신다.

조팝나무 이용법

조팝나무 어린 순은 데쳐서 나물로 이용하기도 하고 튀김으로 요리해도 좋다.

조팝나무순(筍) 무침

- 이른 봄에 연한 순을 채취하여 깨끗이 손질한다.
- 물에 약간의 소금을 넣고 씻는다.(물 9 : 소금(천일염) 1의 비율)
- 끓는 물에 데치고 여러 번 헹구고 우려내어, 쓴 맛을 제거한다.
- 물기를 꼭 짠 후에 된장, 소금, 참깨, 참기름을 넣고 살짝 무쳐낸다.

조팝나무 Spiraea prunifolia var. simpliciflora **개화 시기** : 4월 **맛과 성질** : 맛과 성질이 평하다.

효능 및 성분 木常山(목상산)이라고 한다. 꽃이 피어난 모양이 튀긴 좁쌀을 붙인 것처럼 보이기 때문에 조팝나무라고 한다. 뿌리를 상산(常山), 촉칠근(蜀漆根)이라 하는데, 해열, 수렴 등의 효능이 있어 감기로 인한 발열과 신경통 등에 사용한다. 꽃은 향기가 좋고, 꿀도 많아서 좋은 밀원 식물이며 꽃꽂이용으로 많이 이용된다. 조팝나무는 예부터 민간의 약으로 썼는데, 특히 뿌리와 줄기를 해열제로 이용하였다. 또한, 혈관조직의 수축과 설사에 효과가 있다. 조팝나무에는 조팝나무산(酸)이라는 해열, 진통제 성분이 포함되어 있어, 버드나무의 아세틸살리실산과 함께 진통제의 원료로 이용된다.

등나무꽃차

멀리서도 느껴지는 감미로운 향기가
농익은 포도송이와 같이 풍요로운 꽃

봄의 끝자락에 초여름의 향기를 풍기며 길 가는 이의 발걸음을 붙잡는다.
모악산 능선에 줄을 타듯 무리지어 있는 풍경을 발견하고
모르는 사이 환호성을 내었던 기억이 있다.
코에 스치는 향기에 매료되어 아이가 되었던 시간들.
차를 만들어 한 모금 입에 담으면
몸 안 가득 향수를 뿌린 듯한 황홀한 내음을 머금게 한다.

등나무꽃

등나무꽃 차

- 꽃을 손질하여 그늘에서 5일간 말린다.
- 햇볕으로 잔여 습기를 제거한다.
- 1 티스푼을 뜨거운 물에 1~2분간 우려내어 마신다.

등나무꽃 발효액

- 채취한 꽃을 깨끗이 씻어 물기를 뺀다.
- 항아리를 깨끗이 씻어 물기를 완전히 말린다.
- 넓은 그릇에 손질한 꽃과 흑설탕을 1:1로 버무린 후, 윗부분을 흑설탕으로 두껍게 덮는다.
- 항아리의 윗부분을 천이나 한지로 씌운 다음, 뚜껑을 덮고 그늘에서 보관한다.
- 약 7일 후에 위, 아래를 섞어 설탕이 가라앉지 않도록 잘 젓는다.(2~3회 정도 반복한다)
- 1년 이상 숙성시킨 후, 이용한다.

주의점

등나무꽃은 습기에 매우 약하기 때문에 강한 밀폐 용기를 이용하여 보관하여야 한다.

등나무꽃 활용법

등나무꽃은 색이 곱고 향이 그윽하여, 샐러드와 얼음꽃에 이용하면 좋다.

등나무 Wistaria floribunda A. P. DC. **개화 시기** : 4~5월 **맛과 성질** : 맛은 시며 성질은 차다.

효능 및 성분 多花紫藤(다화자등), 女羅(여라)라고 한다. 등나무의 뿌리는 예부터 이뇨제, 근골통 증치료제, 부스럼약으로 이용하였다. 열을 내리고 소 · 대장을 윤택하게 하여 변비가 있는 사람에게 매우 좋은 식품이다. 또, 근육통이나 관절염에 달여 먹으면 효과가 있다. 많은 부인병에도 등나무 뿌리를 달여서 먹는다. 그러나 성질이 차기 때문에 몸이 찬 사람은 많이 먹지 말아야 한다. 암에는 주로 등나무 혹을 먹는데, 독이 없으므로 오래 복용해도 상관없다. 여성의 자궁암과 위암에 효력이 매우 크다.

골담초꽃차

뒤뜰에서, 산기슭 모퉁이에서 반기는 어여쁜 꽃
어머니를 그리게 하는 꽃

골담초 꽃을 보면 돌아가신 어머니가 그리워진다.
뒤뜰에 앉아, 가시 줄기 사이에 피어 있는 노랗고 붉은 꽃을 따 주시며 들려주시던 옛날 이야기.
올해도 그 자리에 꽃이 피었다.
어머니의 부재(不在)가 안타깝다.

골담초꽃

골담초꽃 차[1]

- 꽃을 깨끗이 손질한다.
- 그늘에서 6~7일 정도 말린다.
- 봄볕에 2~3시간 정도 말려 남은 습기를 제거한다.

골담초꽃 차[2]

- 꽃을 깨끗이 손질한다.
- 동량의 흑설탕을 넣어 잰다.
- 하루 정도 뒤에 꿀을 추가하여 냉장 보관한다.

골담초꽃 활용법

골담초꽃은 색이 화려하고 아삭거림이 좋아 샐러드와 비빔밥, 꽃김밥의 속재료, 얼음꽃에 이용하면 좋다.

골담초꽃 발효액

- 꽃을 깨끗이 손질한다.
- 동량의 흑설탕을 넣어 잰다.
- 발효되는 과정을 지켜보며 섞어 준다.
- 15일 후 걸러내어 냉장 보관한다.
- 물에 섞어 마시거나, 요리의 단맛을 낼 때 이용한다.

골담초 Caragana sinica Rehder **개화 시기** : 5월 **맛과 성질** : 맛은 쓰고 매우며 성질은 따뜻하다.

효능 및 성분 錦鷄兒(금계아), 金雀花(금작화), 禪扉花(선비화)라고 한다. 고혈압, 타박상, 음액이 부족해서 오는 두통과 귀 울림증, 기침, 어린아이의 만성적인 영양부족 개선, 몸이 약해 생긴 기침에 효과적이다. 허리와 무릎이 풍습기에 의해 저리고 아픈 증세를 다스리며, 혈액순환을 촉진하고 경락을 소통시켜 혈압을 내린다. 몸이 허약해서 오는 기침에 쓰며, 특히 어린 아이의 만성적인 영양 부족 상태를 개선한다. 또한 몸 안의 음액이 부족해 머리가 아프고, 귀가 울리고, 어지러운 증세에 좋다. 뿌리를 이용한 골담초차는 여성의 대하증에 좋은데, 이때 사용하는 뿌리는 굵으며 딱딱하고 갈색을 띤 것이 좋다.

찔레나무꽃차

순백의 드레스에 노란 화관을 얹은 꽃

세상 시름이 많아질 때,
맑은 술잔에 찔레꽃을 띄운다.
마음대로 할 수 없는 우리네 삶에
멋과 향으로 잠시 동안의 풍류를 주는 꽃.
마음을 만지는 자연의 보살핌을 느끼게 한다.

찔레나무꽃

찔레나무꽃 차

- 막 피기 시작한 꽃송이를 채취하여, 소금물에 씻어 손질한다.
- 서늘하고 그늘진 곳에 한지를 깔고, 손질한 꽃송이를 말린다. (7~10일 정도)
- 밀폐 용기에 넣어 냉장 보관한다.
- 5~6 송이 분량을 90℃ 정도의 뜨거운 물에 넣고, 2~3 분간 우려내어 마신다.(녹차 위에 꽃송이를 띄워 마시면 색과 향, 맛이 좋다)

찔레나무꽃 발효액

- 어린 순(筍)을 채취하여 손질한다.
- 손질해 놓은 순(筍)과 동일한 양의 흑설탕을 넣어 발효시킨다.
- 꽃이 개화하면 채취하여 발효시킨 다음, 걸러내어 함께 사용해도 좋다.
- 6개월 정도 후에 채에 받쳐 걸러낸다.
- 냉장 보관하며, 이른 아침 물에 엷게 희석해서 마신다.

찔레꽃 활용법

찔레꽃은 색이 고와 얼음꽃이나, 화장수와 염료 등으로 이용된다.

찔레나무열매 발효액

- 가을에 열매를 채취하여, 충분한 양의 흑설탕과 함께 항아리에 담는다.
- 봄에 새순이 나고 꽃이 피면 손질하여, 흑설탕과 함께 열매 발효액에 첨가해 준다.
- 즙이 충분히 우러나오면 뿌리도 채취하여 잘 씻은 후, 발효액에 함께 넣어 준다.

찔레나무 Rosa Polyantha Sieb et Zucc **개화 시기** : 5월 **맛과 성질** : 맛은 달고 시며 성질은 평하다.

효능 및 성분 營實(영실)이라고 한다. 소화불량, 신체허약, 해독제, 변비, 신장염, 부종, 류머티즘 관절염에 쓰인다. 찔레나무의 열매는 완전히 익은 것보다 반쯤 익은 것이 약효가 더 크다고 알려져 있다. 비장을 튼튼히 하고, 기의 순환을 도우며, 피를 걸러주어 월경을 순조롭게 한다. 소화불량이나 몸이 쇠약한 증상에 사용한다. 또한 해독제, 이뇨제로도 사용한다. 비타민 C가 많이 들어 있어 신맛이 나며, 날것으로 먹기도 한다. 뿌리는 관절염과 산후 등에 좋다하여 달여 먹는다. 외용시에는 열매를 진하게 삶아 그 물로 환부에 찜질을 한다.

백목련꽃차

첫사랑의 입맞춤과 같이
상처 받기 쉬운 꽃

높이 솟은 가지 끝에 떨어질 듯 피어 있는 꽃이
안쓰러움과 신비로움을 동시에 안겨 준다.
품어 나오는 향기에서 여린 소녀의 순수함마저 느끼게 하니,
달 밝은 밤에 달 보다 더한 눈부심을 주는 꽃이다.

백목련꽃

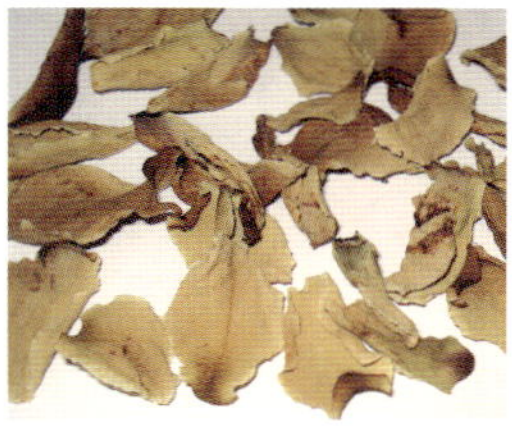

백목련꽃 차

- 피어난 지 하루 정도된 꽃을 채취한다.
- 연한 소금물에 꽃잎을 한 장씩 떼어 씻는다.
- 채에 받쳐 물기를 제거한다.
- 한지 위에 널어 그늘에서 말린다.
  (또는 따뜻한 방바닥에서 말린다)
- 말린 뒤에는 밀폐 용기에 보관한다.

백목련꽃 발효액

- 꽃잎을 채취하여 깨끗이 손질한다.
- 꽃잎과 동일한 양의 흑설탕을 넣어 발효시킨다.
- 6개월 가량 숙성시킨다.
- 물에 희석하여 수시로 마신다.

주의점

목련 꽃은 체온이 닿으면 쉽게 갈변한다. 때문에 꽃잎을 떼어 낼 때는 나무 집게를 이용하고, 설탕이나 꿀에 잴 때는 설탕(꿀)물에 푹 담가놓아 자체 색을 보존하도록 한다.

목련꽃차는 집중력을 강화시키고 기억력을 증진시키는 효과가 있어 수험생들에게 좋다.

백목련 Magnolia Kobus **개화 시기** : 3~4월 **맛과 성질** : 맛은 평하며 성질은 따뜻하다.

효능 및 성분 白木蓮(백목련), 辛夷(신이)라고 한다. 목련은 자목련과 백목련으로 구분되는데, 백목련의 봉오리는 예부터 귀한 약재로 사용되었다. 축농증, 두통, 혈압 강하, 진정, 진통 해소, 집중력 강화, 기억력 증진 등 여러 효능이 있다.

매화나무꽃차

작지만
강한 향내가 온 세상을 깨울 듯한 꽃

산길 따라 걸음 옮기면,
마른 가지 위에 핀 눈꽃을 만난다.
깨물어주고 싶을 만큼 앙증맞은 꽃.
몸 가득히 채우고도 남는 듯
온 천지에 진한 향내를 뿜어낸다.

매화나무 꽃

매화나무꽃 차

- 꽃을 한 송이씩 조심스럽게 채취한다.
- 한지를 깔고 채취한 꽃을 널어 놓는다.
- 따뜻한 방이나 바람이 있는 서늘한 그늘에서 6일 정도 말린다.

주의점

매화꽃은 꽃잎이 특히 약하므로, 부서지지 않도록 조심하여야 한다. 또 꽃이 활짝 핀 것보다는 반쯤 피어있는 것이 향기가 더 좋다.

발효액 이용법

발효액을 냉수 8 : 발효액 2의 비율로 섞어 꽃과 함께 얼음틀에 넣어 얼리면 향기롭고 예쁜 얼음을 만들 수 있다.

매화나무꽃 발효액

- 꽃잎을 채취하여 깨끗이 손질한다.
- 꽃잎과 동일한 양의 흑설탕을 넣어, 실온에서 5~7일간 발효시킨다.
- 냉장고에 넣어 8개월 이상 숙성시킨다.
- 물에 희석하여 수시로 마신다.

황매화꽃 황매화는 매화나무와는 다른 식물이지만, 꽃의 모양이 매화를 닮았기 때문에 노란 매화라는 뜻으로 황매화라 한다. 지혈에 뛰어난 효능이 있고, 한방에서는 꽃, 줄기, 잎 모두를 거풍, 진해, 거담이나 구해, 소화불량, 수종, 류마티즘, 창독, 소아의 마진 등의 치료제로 이용한다. 차를 만드는 방법은 매화꽃과 동일하다.

매화나무 Prunus mume S. et Z **채취 시기** : 1~4월 **맛과 성질** : 맛은 달고 시며 성질은 따뜻하다.

효능 및 성분 꽃을 매화(梅花), 열매를 매실(梅實)이라고 한다. 입안이 건조한 만성 해수, 오랜 설사로 식욕이 없을 때, 급성 설사로 인한 탈수, 자궁 출혈, 허열로 목구멍이 간지럽고 목소리가 잠길 때 쓰인다. 매화의 열매인 매실(梅實)은 식·약용하는데, 폐, 장, 위를 도우며 회충을 죽인다. 또, 수렴 작용을 하여, 설사병이나 지혈의 보조약으로도 사용된다. 허열로 인하여 진액이 모자라 입속이 건조하고, 목구멍이 간지럽고 목소리가 잠길 때는 현삼, 맥문동, 석곡을 함께 넣고 달여 천천히 삼킨다.

배추꽃차

어머니와 함께 들녘가에 서서 입에 넣어보던 꽃

엄마 저건 배추꽃 아닌가요?
어릴적 줄기 껍질을 벗겨내어 꽃과 함께 살짝 데쳐 나물하면
"배추보다 맛나지." 하시며 한줌 따 주시던 어머니.
키가 크게 자란 배추꽃밭의 매콤한 향이 바람따라 코 끝에 머물고,
사이사이 보랏빛 무꽃과 어울려 상큼한 봄날을 보내게 한다.

배추꽃

▲ 배추꽃

▲ 유채꽃

배추꽃과 유채꽃

배추꽃은 유채꽃과 매우 유사한데, 외형으로 보면 배추꽃의 꽃잎이 유채꽃보다 크고 수술이 작다.

배추꽃 차

- 꽃을 송이 분량으로 채취한다.
- 한지를 깔고 채취한 꽃을 널어 놓는다.
- 따뜻한 방이나 바람이 있는 서늘한 그늘에서 6일 정도 말린다.
- 두꺼운 팬에서 살짝 덖어준다.
- 햇볕에 1시간 정도 더 말린다.
- 밀폐 용기에 넣어 보관하며, 뜨거운 물에 우려내어 마신다.

배추뿌리 차

- 배추뿌리 1개를 깨끗하게 씻어서 물기를 제거한다.
- 손질한 배추뿌리를 얇게 저며 썬다.
- 동량의 흑설탕과 생강 1쪽을 저며 넣고 중간 불에서 오래 끓인다.
- 김이 빠지고 식으면 냉장 보관한다.
- 음료로 이용하며 수시로 마신다.

배추 Brassica campestris **개화 시기** : 3~4월 **맛과 성질** : 맛은 달고 성질은 따뜻하다.

효능 및 성분 白菜(백채)라고 한다. 배추는 감기의 특효약이다. 배추를 약간 말려서 뜨거운 물을 부어 3~4일 정도 두면 시큼한 맛이 나는데, 이것이 '제수'이다. 제수는 가래를 없애주는 약효가 뛰어나 감기로 인한 기침과 가래 증상을 해소하는 데 아주 좋다. 배추에는 비타민C가 풍부하게 함유되어 있는데, 배추의 비타민C는 열을 가하거나 소금에 절여도 잘 파괴되지 않는 특징이 있다. 또한 배추의 푸른 잎에는 체내에서 비타민A로 작용하는 카로틴을 비롯하여 칼슘, 식이섬유, 철분, 시스틴이라는 아미노산 성분 등이 들어 있다.

생강나무꽃차

변하지 않는 마음의 향기를 가진 꽃

꽃을 말리는 내내 실내 가득 머문 향에 취하였던 그 날.
하루, 이틀, 행복해 하며 건조되는 진한 향수(鄕愁)에 젖어
자연의 고마움과 아름다움을 마셨다.
투명 주전자 속 춤사위는 즐거움을 주고,
꽃잎을 말리시던 어머니의 기억은 눈물을 준다.

생강나무꽃

생강나무꽃 차

- 꽃잎을 채취하여 손질한다.
- 통풍이 잘되는 그늘에서 7일 동안 건조한다.
  (또는 따뜻한 방바닥에서 단기간 말린다)
- 강한 봄볕에서 2~3시간 정도 다시 한 번 건조한다.

생강나무꽃 발효액

- 꽃이 피면 채취하여 깨끗이 손질하고, 항아리나 유리병에 넣는다.
- 대추, 감초를 달인 물에 흑설탕을 2/3가량 넣고 밀봉하여 그늘에서 발효시킨다.
- 잎이 나오기 시작하면 잘게 잘라 꽃과 함께 발효시킨다.
- 6개월 정도 지나면 걸러내어, 원액을 식전이나 식후에 소주잔으로 1~2잔 정도로 마시거나, 생수로 희석하여 감미를 조절해 마신다.

주의점

말린 꽃은 습기를 흡수하는 능력이 뛰어나므로 주변의 다른 것과 섞이지 않도록 한다.

씨앗은 9~10월, 잎은 봄철, 새순은 한여름, 보드라운 잔가지는 가을에서 이른 봄 사이에 채취한다.

생강나무잎 튀각

- 생강나무 잎(7월에 재배한 것)과 들깨송아리(반쯤 여문 것)를 각각 찐다.
- 찹쌀풀을 잎에 발라 햇볕에서 바싹 말린다.
  (찹쌀풀은 약간 되직하게 쑤어야 좋다)
- 끓는 식용유(80℃)에 하나씩 넣어 바싹하게 튀겨낸다.

생강나무 Lindera obtusiloba Blume **개화 시기** : 3~4월 **맛과 성질** : 맛은 맵고 성질은 따뜻하다.

효능 및 성분 黃梅木(황매목)이라고 한다. 위장병, 온몸에 찬바람이 들어오는 듯하고 식은땀이 나고 뼈마디가 부서지는 듯한 산후풍, 타박상 및 어혈해소 등에 쓰인다. 생강나무의 어린잎은 말려서 작설차처럼 마시면 위장에 좋으며, 가지는 '황매피'라 하여 볕에 말린 뒤 그대로 잘게 썰어 쓴다. 건위제로 쓰이며 복통, 해열에도 효과가 있고 간을 정화시킨다.

제비꽃차

꽃반지의 추억이 있어 웃음 짓게 하는 유년의 보석과 같은 꽃

번식력과 생명력이 좋아 오랑캐꽃이라 하는가.
논두렁 밭두렁 가득히 귀여운 모습이 보일 때면,
봄볕에 낮잠을 즐기고 싶어진다.
꽃반지를 만들어 약손가락에 끼어 보며,
옛 친구 생각에 미소 짓는다.

제비꽃

제비꽃 이용법

1. 제비꽃은 색과 향이 좋아 염색 재료와 향수의 원료로 널리 쓰인다.
2. 봄철에는 줄기와 잎을 나물로 이용하여 밀가루 옷을 입혀 튀김을 만들기도 하고, 살짝 데쳐서 무쳐 먹기도 한다.
3. 꽃잎은 썰어서 밥에 섞어 꽃밥으로 이용한다.
4. 색이 고와 얼음꽃을 만들기에 좋다.

제비꽃 차

- 줄기를 떼어내고 봉오리만 채취한다.
- 깨끗한 한지를 깔고, 채취한 꽃잎을 널어 놓는다.
- 그늘에서 3~4일 정도 말린다.
- 밀폐 용기에 보관한다.

제비꽃 발효액

- 꽃이 피면 전초를 채취하여 흙을 털어내고 손질하여 하루 정도 말린다.
- 동량의 흙설탕을 넣어 버무려서 항아리에 넣고, 윗부분을 한지로 봉하고 뚜껑을 덮는다.
- 서늘한 그늘에서 3~4개월 발효시킨 후, 걸러내어 즙액을 1년 이상 숙성시킨다.
- 걸러낸 건더기는 하루 정도 말린 후 고추장에 버무려 항아리에 담는다.
- 6개월 후에 꺼내어 볶은 참깨와 섞어 장아찌로 낸다.

제비꽃 Viola mandshurica W. Becker **개화 시기** : 3월 **맛과 성질** : 맛은 쓰고 매우며 성질은 차다.

효능 및 성분 紫花地丁(자화지정), 東北菫菜(동북근채)라고 한다. 관절염, 불면증, 황달, 초기 전염성 간염, 아프지만 화농하지 않은 각종 창상, 초기에 화농하지 않은 급성 유선염, 상처 입구가 커진 화농성 궤양, 눈의 충혈 및 눈물이 많이 흐르는 증상, 변비 등에 쓰인다. 심경과 간경에 주로 작용하며, 열을 내리고 독성을 제거한다. 약리실험에서 억균, 소염작용이 밝혀졌다. 가래를 삭이며 소변을 잘 나오게 하며 변비에도 효과가 있다.

유채꽃차

어린 시절의 향수(鄕愁)를 부르는 꽃

꽃을 그늘에 널어 말릴 때에는 그냥 예쁘다고만 생각했는데,
팬에 차를 넣었을 때의 향이 너무나 구수하여 차 만들기를 참으로 잘했다는 생각을 했다.
어머니의 주린 배를 채워 주었다던 추억 속의 맛있는 꽃.
찬기(寒氣)가 가시지 않은 봄날의 어느 아침.
풍성한 꽃으로 어머니와 같이 배를 채워본 기억을 더듬어 본다.

유채꽃

유채꽃 차

- 자잘한 꽃송이를 분류하여 채취한다.
- 그늘에서 7일간 건조시킨다.
- 마른 팬에 살짝 볶는다.
- 1 티스푼에 90℃ 정도의 뜨거운 물을 부어 마신다.

유채꽃 발효액

- 꽃잎에 동량의 흑설탕을 섞어 버무린다.
- 항아리에 넣고 한 달 정도 발효시킨다.
- 채에 걸러 다시 숙성시킨다.
  (요리시에 양념으로 이용하면 좋다)

주의점

유채꽃과 유사한 꽃으로는 갓꽃이 있다. 갓꽃은 쓴맛이 강하므로 식용으로 사용할 때는 주의한다.

유채꽃 무침

- 유채 줄기와 잎을 꽃과 함께 채취하여 손질한다.
- 끓는 물에 소금을 넣어 손질한 유채를 데친다.
- 먹기 좋은 크기로 썰어 넓은 그릇에 넣고, 국간장, 다진 마늘, 다진 파, 참기름, 통깨, 소금을 약간 넣어 버무린다.

유채꽃 Brassica campestris var. **개화 시기** : 3~4월 **맛과 성질** : 맛은 맵고 달며 성질은 따뜻하다.

효능 및 성분 菜種(채종), 대개(薹芥), 운대(雲薹), 한채(寒菜) 등 다양한 이름으로 불린다. 유채 기름은 채종유, 또는 카놀라 오일이라고 부르는데 콜레스테롤과 중성지방의 함량을 감소시키고, 혈압을 강하시키는 효능이 있기 때문에 고혈압, 고지혈증 환자에게 좋다. 또한, 포화지방산이 적고 불포화지방산이 높으며, 항산화작용이 강한 토코페롤 함유량도 많다. 유채꽃의 씨를 '운대자' 라 하는데, 성질이 따뜻하고 독이 없어 간경락에 쓰이며, 혈을 윤활하게 하고 뭉쳐있는 기와 종기를 제거한다. 한의학에서 유채는 생리불순이나 치질, 종기 등 어혈질환에 많이 사용하며, 명목, 지혈, 해독에도 두루 쓰인다. 하지만 몸이 허약하거나 어혈이 심하지 않은 사람에게는 부작용이 있을 수 있으니, 주의하여야 한다.

진달래꽃차

우리 강산을 붉게 물들이며 봄을 알리는 꽃

모악산이 붉은 빛으로 가득 물들던 때,
겨우내 남아 있는 찬기(寒氣)에 옷깃을 여미며
진달래 꽃 한 잎을 입에 물고 잘근 씹는다.
향긋한 꽃내음과 달콤하면서도 알싸한 맛이
봄의 시작을 말해준다.

진달래꽃

진달래꽃 차

- 꽃잎을 채취하여 수술을 제거한다.
- 그늘에서 말린다.
- 뜨거운 물에 2~3 송이를 넣어 마신다.
(향기 좋은 차와 섞어 마셔도 좋다)

진달래꽃 발효액

- 잎이 나오기 전의 꽃을 따서 수술을 제거한다.
- 동량의 흑설탕에 재어 15일간 발효시킨다.
- 망에 거른 후, 숙성시킨다.
- 냉장 보관한다.

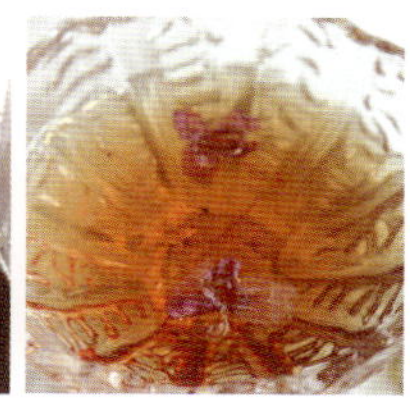

19
봄의 화사함을 전하는 꽃

주의점

진달래꽃의 수술에는 독기(毒氣)가 있으므로, 요리를 할 때에는 반드시 떼어내고 사용한다.

진달래꽃 전

- **재료 :** 진달래 꽃, 찹쌀 풀, 소금, 설탕
- 꽃을 채취하여 수술을 떼어내고 다듬어 깨끗이 씻는다.
- 찹쌀가루에 설탕과 소금을 넣은 뒤, 물을 부어가며 약간 되직하게 반죽한다.
- 팬에 기름을 두르고 반죽한 찹쌀가루를 얇게 얹은 뒤, 투명해지면 뒤집고 꽃잎을 올려 수저로 눌러가며 노릇하게 부친다.
- 접시에 진달래 발효액을 바른 뒤, 그 위에 올린다.
(또는 넓게 반죽을 펴고 그 위에 꽃을 얹어 진달래 발효액을 바른 다음, 김밥처럼 말아서 한 김 식으면 칼에 기름을 바르고 썬다)

진달래꽃 Rhododendron mucronulatum **개화 시기** : 4~5월 **맛과 성질** : 맛은 달며 성질은 평하다.

효능 및 성분 杜鵑花(두견화), 紅杜鵑(홍두견), 山茶花(산다화)라고 한다. 가래, 천식에 효과가 있으며, 월경불순, 무월경, 자궁출혈, 타박상, 류마티즘, 토혈, 코피 등을 치료한다. 뿌리는 어느 때에나 채취하여 깨끗히 씻고 썰어서 햇볕에 말려 사용할 수 있는데, 뿌리 껍질에 탄닌이 7%가량 들어있어 화혈(和血), 혈액순환 촉진, 지혈(止血), 거풍(祛風) 등의 작용을 하며, 통증을 멎게 하는 효능이 있다. 잎과 어린 가지는 열을 내리고, 독을 없애며, 지혈의 작용을 하는데, 출혈과 만성기관지염, 두드러기 등의 치료에도 두루 쓰인다.

냉이꽃차

알싸한 맛으로 봄을 알리는 꽃

찬 바람이 가시지 않은 이른 봄날.
어떤 풀이 나와 있을까 묵정밭 가장자리를 두리번거리니,
갈색빛의 냉이가 웅크리고 있다.
뿌리를 땅 속 깊이 내린 냉이를 반기며 맛을 보니,
연한 아삭거림이 올해도 훌륭하다.

냉이꽃

냉이꽃 차

- 작은 꽃송이가 모여있는 줄기를 채취한다.
- 따뜻한 방바닥에 5일 정도 말린다.
  (또는 바람이 부는 그늘에서 7~10일 정도 말린다)

20

봄의 화사함을 전하는 꽃

천연의 양념 냉이

1. 냉이의 전초를 채취하여 깨끗이 씻는다.
2. 물기를 말리고 찜솥에 살짝 쪄서 바싹 말린다.
3. 두꺼운 팬에 덖어 둔다.
4. 분쇄기에 넣어 곱게 가루를 낸다.
5. 된장국이나 찌게에 양념으로 이용한다.
   (신선한 봄 향기를 전하는 향신료가 된다)

냉이 두부 무침

- 냉이는 뿌리 째 손질하여 살짝 데친다.
- 찬물에 헹구어 물기를 꼭 짠다.
- 소금, 참깨, 참기름, 두부 으깬 것을 넣고 살짝 무쳐낸다.

냉이꽃 샐러드

- 꽃이 피면 전초를 채취한다.
- 꽃을 냉수에 살짝 헹구어 놓고, 잎은 소금물에 살짝 절여둔다.
- 뿌리는 반으로 찢어 자근자근 두들겨 놓는다.
- 뿌리와 잎을 소금, 설탕(또는 발효액), 참깨, 들깨 가루, 홍고추 채를 넣어 무쳐낸 뒤, 꽃을 섞어 버무린다.

냉이 Capsella bursa-pastoris(L.) **개화 시기** : 4~5월 **맛과 성질** : 맛은 달고 성질은 평하다.

효능 및 성분 薺菜(제채)라고 한다. 객혈, 토혈, 대변 출혈, 산후의 자궁 출혈, 눈 충혈, 소화기 출혈, 이질, 전신이 붓고 소변을 못 보며 소변색이 우윳빛일 경우, 풍증, 보혈, 소화기능 감퇴, 간염 초기에 쓰인다. 냉이는 채소 가운데 단백질 함량이 가장 많고, 칼슘과 인, 철분이 많은 알칼리성 식품이다. 비타민도 골고루 함유되어 있으며, 잎에는 비타민A의 함량이 높다. 또 냉이는 독특한 향기로 입맛을 돋구어 소화액의 분비를 촉진시킨다. 소화기에 출혈이 있는 경우에는 죽을 끓여 상용하면 좋다.

아까시나무꽃차

달콤하고 향긋한 내음 풍기는 눈꽃

가로수 숲에서 향기가 진동하던 여름날.
가시에 찔리고, 키가 닿지 않아 껑충대면서도
바구니 가득 하얀 꽃송이 담아
웃음소리 요란하게 돌아오던 기억.

아까시나무꽃

아까시나무꽃 차

- 만개한 꽃을 피하여 채취한다.
- 바람이 있는 그늘이나 따뜻한 방바닥에 한지를 깔고, 5~7일간 건조시킨다.
- 꽃 1 티스푼에 뜨거운 물을 부어 2~3분간 우려내어 마신다.

아까시나무꽃 발효액

- 꽃잎을 채취하여 깨끗이 손질한다.
- 채취한 꽃잎에 동량의 흑설탕을 넣고 발효시킨다.
- 15일 후에 채에 받쳐 걸러낸 후, 1년 이상 숙성시킨다.
- 물에 희석하여 이용한다.

주의점

아카시나무꽃은 달콤한 향이 강해 여러 벌레들이 기생하기 쉽다. 때문에 만개(滿開)한 꽃을 피하여 채취하고, 건조 후에는 바로 밀폐 용기에 넣어 냉장 보관해야 꽃잎을 오래 두고 사용할 수 있다.

아까시나무꽃 부각

- 꽃을 꽃받침까지 채취하여 손질한 후, **찹쌀풀***을 입혀 말린다.

아까시나무꽃 튀김

- 손질한 꽃에 **찹쌀풀***을 묻힌 후, 기름에 살짝 담갔다 꺼낸다.

***찹쌀풀** : 찹쌀과 물을 1 : 4의 비율로 끓인 후, 중간 불에서 걸쭉해질 때까지 저어서 만든다.

아까시나무 Robinia pseudoacacia L. **개화 시기** : 5월 **맛과 성질** : 맛은 달고 떫으며 성질은 평하다.

효능 및 성분 刺穰(자양), 刺槐花(자괴화)라고 한다. 신장염 개선, 이뇨 작용, 부기 제거에 효과가 있다. 아까시나무꽃은 특히 임산부의 부종에 좋은데, 임신으로 몸이 부을 때 꽃을 달여 먹으면 매우 효과적이며, 만성신장염으로 몸이 부은 환자에게도 좋다. 또한 아까시나무꽃은 소변을 잘 나오게 하고, 신장의 열을 내리는 작용을 한다. 아까시나무의 씨는 기관지 천식에 좋은 효능을 보이는데, 살짝 볶은 아까시나무의 씨를 식후에 조금씩 섭취하면 효과적이다.

자운영꽃차

꽃들이 축제를 벌인 양
들판을 화려하게 수 놓는 꽃

논바닥이 온통 분홍빛 꽃 융단을 깔아 놓은 듯하다.
뛰어 가 앉아 보니,
벌과 나비들이 윙윙거리며 머리 위에 맴돌고,
하늘거리는 꽃대 위에 엄지 공주의 드레스인 양
나풀거리는 꽃잎이 근사하다.

자운영꽃

자운영꽃 이용법

1. 꽃을 채취하여 생(生)으로 비빔밥이나 샐러드에 첨가한다.
2. 꽃을 송이 째 데쳐서 나물로 무쳐 이용한다.

자운영꽃 차

- 만개한 꽃을 피하여 채취한다.
- 바람이 있는 그늘이나 따뜻한 방바닥에 한지를 깔고, 채취한 꽃잎을 널어 놓는다.
- 5~7일간 건조시킨다.
- 밀폐 용기에 보관한다.
- 3~5개 정도의 꽃송이에 끓인 물을 부어 이용한다.
- 하루 2잔 정도 이용한다.

자운영 쌈

- 연한 잎과 줄기를 꽃과 함께 채취한다.
- 흐르는 물에 깨끗이 씻고, 채에 받쳐 물기를 제거한다.
- 된장, 고추장과 함께 이용한다.

자운영 나물

나물은 소금을 넣은 물에 데치는데, 이렇게 하면 변색을 막을 뿐 아니라, 비타민의 파괴가 현저히 줄어드는 효과를 볼 수 있다.

자운영 무침

- 잎과 줄기를 소금을 넣은 물에 데친다.
- 자운영의 색이 연녹색으로 변하면, 꺼내어 식힌다.
- 된장에 조물조물 버무리는데, 고추장을 약간 넣으면 된장의 텁텁함이 덜하다.

자운영 Astragalus sinicus L. **개화 시기** : 3~4월 **맛과 성질** : 맛은 달고 향이 있으며 성질은 평하다.

효능 및 성분 紫雲英(자운영), 풀 전체를 紅花菜(홍화채)라고 한다. 열을 내리고 해독하는 작용이 있어서 담이 끓는 기침이나 인후의 통증, 대상포진, 눈병, 외상으로 인한 출혈 등에 이용한다. 적당량을 달여서 마시거나 즙을 내어 마시고, 외용으로 쓸 때는 찧어 붙이거나 가루로 만들어 붙인다. 예부터 자운영 전초는 괴혈병이나 각기, 피혈 등에 민간요법으로 사용되었다.

머위꽃차

꽃일까 잎일까
땅기운을 흠뻑 받은 산삼과 같은 꽃

뒤뜰의 백련지(白蓮地), 곁에는 과수원,
고랑 사이 언덕에는 연두빛 작은 송이가
꽃인지 잎인지 모르게 피어 있다.
마른 덤불 사이로 헤집고 나온 생명의 신비.
사람도 저마다 생김이 다르고 자연의 생김도 이같이 다르나,
자손을 번식하려는 몸부림은 한결 같음을 알린다.

머위꽃

머위꽃 차

- 꽃잎을 봉오리 째 하나씩 채취하여 손질한다.
- 그늘에서 7일간 말린다.
- 작은 봉오리 7~8 송이를 거름망이 있는 잔에 넣고, 80~90℃ 정도의 뜨거운 물을 부어 마신다.

머위꽃

봄에 맺은 꽃은 새순이라고 하며, 한방에서는 '관동로(款冬路)'라고도 한다. 봄의 향기라 불리는 꽃이다.

머위잎 샐러드

- 연한 잎을 따서 찢는다.
- 식용 가능한 채소와 들풀에 섞는다.
- 곱게 간 천일염과 들깨가루, 들기름 약간을 넣는다.
- 상차림 마지막에 버무린다.

머위 이용법*

1. 가을의 머위 잎은 데쳐서 나물 무침이나 쌈으로 이용한다.
2. 연한순은 생(生)으로 겉절이를 해 먹는다.
3. 찜 솥에 쪄서 쌈을 하면 된장, 젓갈과 어울리는 음식이 된다.

머위 *Petasites japonicus* **개화 시기** : 4~5월 **맛과 성질** : 맛은 맵고 달며 성질은 차다.

효능 및 성분 蜂斗菜(봉두채)라고 한다. 일반적으로는 '머우'라고도 하며 굵은 잎자루를 나물로 이용하면 독특한 맛이 나는 식물이다. 오한, 발열, 해수, 소량의 백색담, 인후의 가려움증, 담이 많아 뱉어도 시원하지 않을 때, 기침이 심하고 숨이 급한 기관지 확장증, 폐허로 인한 기침, 가래가 나오는 기침, 폐농양, 후두염에 쓰인다. 또한 해독과 어혈해소, 편도선염, 창독 그리고 독사에 물린 데에 이용한다. 머위의 꽃봉오리에는 쓴 맛을 유발하는 물질인 페라시틴, 정유, 쿠에르쩨틴과 캠페돌이 들어 있다.

쇠뜨기꽃차

정갈한 사람의 향기와 같이 좋은 인연으로 다가오는 꽃

찻잔에 꽃잎 띄우면,
그 맑고 고운 색에 반하지 않을 수 없다.
어느 한 철, 맑고 깨끗하게 피어나
혼란한 마음을 청아하게 달래주는 꽃.
아름다운 향이 몸 안으로 스며들 때,
참 좋은 인연이 되니 반가움이 솟구친다.

쇠뜨기꽃

쇠뜨기꽃 차

- 꽃이 피기 전에 채취하여 씻어서 준비한다.
- 찜솥에 넣고 살짝 찐 다음 널어 말린다.
- 4~5일 바싹 말린다.
- 두꺼운 팬에 살짝 덖어 다시 말린 후 밀폐 용기에 넣어 보관한다.
- 2~3송이 가량을 다관에 넣고 뜨거운 물을 부어 우려내어 마신다.

주의점

양이나 소, 말 등은 생초의 독성에 예민하여 먹으면 설사를 하므로, 가축에게는 유해하다.

쇠뜨기꽃 발효액

- 신선한 꽃과 잎을 채취하여 깨끗이 씻고 썰어서 물기를 말린다 .
- 항아리에 동량의 흑설탕을 넣고 잘 버무린 다음, 흑설탕 시럽을 조금 넣어 잘 섞어준다.
- 3~4일 간격으로 뒤집어가며 발효를 도와준다.
- 6개월 후 걸러내어 그 즙액을 다시 1년 이상 숙성시킨다.
- 발효액 2 : 생수 8의 비율로 섞어 마신다.
- 하루 먹을 양 만큼만 희석하여 냉장고나 시원한 곳에 두고 마신다.

쇠뜨기 Equisetum arvense L. **개화 시기** : 3~4월 **맛과 성질** : 맛은 쓰며 성질은 차다.

효능 및 성분 問荊(문형)이라고 한다. 갑작스러운 소변불능, 통증이 심한 임질, 장출혈, 기침, 천식, 자궁출혈, 항문이 빠지는 치질, 상처나 아토피성 피부염 등에 쓰인다. 주로 식용으로 사용하며, 뒤늦게 나와서 비스듬히 자라는 영양경을 약용으로 쓴다. 여름에 채취하여 그늘에서 말리고 잘게 썰어 준다. 규산이 많이 함유되어 있다. 한방과 민간에선 이른 봄에 뿌리까지 모두 채취하여 약으로 쓴다. 몸을 차게 하여 뜨거운 피를 식히고 열을 진정시키며, 갑자기 소변이 안 나오거나 임질로 통증이 심할 때에도 쇠뜨기로 만든 차를 마시고 찜질로 통증을 제거하면 이뇨효과를 높일 수 있다. 지혈 작용을 하여 도혈, 장출혈에도 쓰인다.

단풍나무꽃차

짧은 만남이
애절한 그리움을 남기는 꽃

인연이란 우연한 것.
봄에 만날 수 있지만, 끝내 보지 못한 흔적이 아쉽다.
인연이란 억지로 맺을 수 없지만,
잠시 스치는 것이라도
소중하고 귀한 마음으로 대한다면
서로 얼마나 행복할지.

단풍나무꽃

단풍나무꽃 차

- 꽃을 송이 째 따서 소금물에 씻고, 건져내어 물기를 뺀다.
- 깨끗한 한지를 깔고, 그늘에서 7일 정도 잘 말린다.
- 밀폐 용기에 넣어 냉장 보관한다.
- 찻잔에 꽃 2~3 송이를 넣고 끓인 물을 부어 2~3분간 우려내어 마신다.
  (2~3번 우려내어도 은은한 향이 좋다)

단풍나무꽃

단풍나무꽃은 다른 여러 꽃들에 비해 개화 시기가 짧기 때문에 찾아보기가 어렵다.

단풍나무꽃 발효액

- 꽃과 어린 잎을 함께 채취하여 소금물에 살짝 씻어 건져낸다.
- 하루 정도 물기를 말린다.
- 꽃잎과 흑설탕을 같은 비율로 하여 고루 버무려 준다.
- 항아리에 담아 윗부분을 한지로 봉하고, 뚜껑을 덮어 서늘한 곳에서 발효시킨다.
- 5~7일 후에 뒤집고 골고루 섞어서 설탕이 잘 녹도록 하여 발효를 돕는다.
- 3달 정도 지난 후에 음용할 수 있지만, 1년 이상 발효시키면 맛이 더욱 좋다.

단풍나무 Acer palmatum Thunb.　**개화 시기** : 4~5월　**맛과 성질** : 맛은 쓰며 성질은 따뜻하다.

효능 및 성분　귀목약목(鬼目藥木), 우근자(牛筋子), 색수(色樹)라고 한다. 수피에서는 탄닌(Tannin)을 채취하기도 하며, 고로쇠나무와 같이 수액을 채취하여 식용으로 한다. 수액에는 칼슘과 마그네슘이 함유되어 있어 피부미용과 성인병 예방, 관절염 치료에 탁월할 뿐만 아니라 당분, 무기염류, 비타민 등도 풍부해 위장병, 신경통, 산후조리에 효과가 좋은 것으로 알려져 있다. 또한 팬케이크나 와플을 만들어 먹을 때 시럽으로 뿌려먹는 메이플시럽도 단풍나무의 한 종류인 설탕단풍의 시럽을 졸여서 만든 것이다. 설탕을 전혀 가미하지 않았는데도 단맛이 나고, 설탕으로 만든 시럽보다 영양면에서 훨씬 우수하다.

작약꽃차

아름답지만 도도하지 않아
벌과 나비의 편안한 쉼터로 자리잡은 꽃

여름날 이른 아침,
이슬이 채 가시기 전에 붉게 젖은 꽃잎을 보면
모든 것을 다 받아주었던 어머니 생각이 난다.
어디에선가 만나도 금방 반겨주며 이야기를 들어주는
그런.

작약 꽃

작약꽃 차

- 꽃잎을 한 장씩 떼어 손질한다.
- 반그늘에 깨끗한 한지를 깔고, 채취한 꽃잎을 널어 놓는다.
- 약 7일간 말린다.

주의점

여름 꽃은 대체적으로 두껍다 또한 공기도 습하기 때문에 곰팡이가 생기기 쉽다. 때문에 여름철에 깨끗한 색의 꽃차를 만들기 위해서는 전기 장판이나 시원한 반그늘에 꽃을 널어 말리는 것이 좋으며, 마지막에 햇볕에 1~2시간 정도 더 건조시킨다.

작약꽃 발효액

- 꽃잎을 채취하여 깨끗이 손질한다.
- 손질한 꽃잎에 동량의 흑설탕을 넣고 버무린다.
- 유리병이나 항아리에 넣고, 맨 위를 흑설탕으로 덮어 마무리한다.
- 7~10일 후에 꽃잎을 걸러낸다.
- 걸러낸 즙을 1년 이상 숙성시킨다.

작약 Paeonia lactiflora var. **개화 시기** : 5~6월 **맛과 성질** : 맛은 달고 쓰고 시며 성질은 차다.

효능 및 성분 芍藥(작약)이라고 한다. 혈의 흐름을 좋게 하고, 어혈을 제거하는 작용을 하며, 고름을 제거한다. 예부터 여성을 위한 처방에 많이 이용되어 왔는데, 여성의 여러 가지 질병과 산전, 산후의 병에 이용하며 월경을 조절한다. 눈에 피가 나는데도 쓰는데 눈을 밝게 한다. 또한 간을 조절하여 혈을 다스리고, 근육의 긴장을 풀어주는 작용을 한다. 발열성에 의한 출혈, 급성 염증으로 인한 출혈, 어혈에 의한 동통, 혈허로 인한 월경부조, 근육 경련통에도 쓰인다. 한방에서는 백작약을 보(補), 수(收) 기능이 세며, 적작약은 사(瀉), 산(散)하는 상반된 작용을 하는 것으로 본다.

앵도나무꽃차

재잘거리는 우물가 처녀와 같이 정다운 꽃

한 송이 꽃 머리에 꽂고 댕기머리 뽐내던 그 때.
달콤새콤한 열매 따서 입에 넣으면 한 입 가득 씨앗을 품게 되고,
과즙의 붉은 빛으로 입술이 붉게 물든다.
소매끝자락 물들이고 집에 가면 어머니의 부지깽이가 반기던 시절.
그리움으로 마음이 젖는다.

앵두나무꽃

앵두나무꽃 차

- 꽃을 채취하여 깨끗이 손질한다.
- 그늘에서 7일간 말린다.
- 5~7송이를 끓인 물(80~90℃)에 1~2분간 우려내어 마신다.

앵두나무꽃 발효액

- 꽃을 채취하여 깨끗이 손질한다.
- 동일한 양의 흑설탕을 넣고 재어 놓는다.
- 15일 후에 채에 받쳐 걸러내어 보관한다.
- 열매를 채취하여 꽃과 동일한 방법으로 발효액을 만든다.
- 꽃 발효액과 열매 발효액을 함께 섞어 숙성시킨다.
- 음료로 이용하며 수시로 마신다.

앵도나무열매 술

- **재료** 앵두 300g, 흑설탕30g, 소주 900cc
- 앵두의 꼭지를 뽑아내고 물로 깨끗이 씻은 후 물기를 완전히 없앤다.
- 소주에 앵두와 흑설탕을 모두 넣고 술을 담근다.
- 음용은 3개월 정도면 가능하나, 과실은 건지지 말고 6개월 이상 그대로 둔다.

앵두주

앵두주는 향이나 풍미가 그렇게 특색 있지는 않지만 선명한 색깔이 매력적으로, 혈액의 흐름을 윤활하게 한다.

열매주를 담글 때에는 약간 덜 여문 것이 좀 더 맛있는 술을 얻게 한다. 또한 상처나 흠집이 없는 깨끗한 것을 선별하여 채취하도록 한다.

술의 도수가 높을 때에는 뚜껑을 열어 놓고 하루 경과 후에 냉장고에 보관하였다가 마시면 좋은 와인의 맛을 느낄 수 있다.

앵두나무 Prunus tomentosa Thunb **개화 시기** : 6월 **맛과 성질** : 맛은 달며 성질은 따뜻하다.

효능 및 성분 櫻桃(앵도), 山櫻桃(산앵도)라고 한다. 앵두에는 과당 등의 당분 외에 구연산이 많이 들어 있어 피로 회복과 입맛을 돋우는 데 효과적이며, 포도당, 카로틴, 펙틴 성분이 주를 이루어, 구갈을 해소하고 이뇨작용을 도우며, 발효액은 신진대사를 촉진한다. 줄기에는 탄닌과 셀루로스, 잎과 꽃에는 비타민C가 각각 함유되어 있다. 윤조, 골장, 하기, 이수의 효능이 있으며, 소변불리와 각기병 등을 치료하고, 기침을 다스리고, 담을 제거하며, 피의 순환을 활발하게 하고, 천식을 가라 앉혀 준다. 기관지염, 부스럼을 치료하며, 피로를 회복하는 데도 좋다.

칡꽃차

자기를 알리려 깊은 향을 내지만
높은 나무 위에 있어 언제나 외로운 꽃

가지 굵은 나무에 몸을 의지하고 버젓이 자기 몸 인양 으스대고 있는 모습이
가엽기도 하고 귀엽기도 하다.
가지가 떨어지는 순간,
뿌리 깊은 나뭇가지 두 팔을 활짝 펴고 싱싱하고 푸른 향기를 풍긴다.
가슴 속 깊이 생(生)을 생각하게 하는 향기.

칡꽃

칡꽃 차

- 꽃을 채취하여 깨끗이 손질한다.
- 그늘에서 7~8일 정도 말린다.
- 밀폐 용기에 넣어 서늘한 곳에 보관한다.

칡뿌리 발효액

- 봄이나 가을철에 뿌리를 채취하여 흙을 깨끗이 씻어낸다.
- 손질한 뿌리를 잘게 썰어 동량의 흑설탕과 함께 항아리에 넣는다.
- 10~12개월 정도 발효시킨다.
(뿌리 발효액을 가을에 담그고, 봄에 새순과 꽃을 따서 함께 발효시키면 더욱 좋다)
- 발효액을 잘 걸러내어 용기에 저장해 두고 복용한다.

칡꽃 이용법

칡꽃은 색이 고와 샐러드, 비빔밥, 김밥, 얼음꽃 등을 만들 때 첨가하면, 식욕을 돋우는 효과를 볼 수 있다.

칡 Puseraria thunbergiana Bentham **개화 시기** : 8~9월 **맛과 성질** : 맛은 달며 성질은 차다.

효능 및 성분 葛根(갈근)이라고 한다. 칡은 가을이나 봄에 뿌리를 캐서 그늘에 말렸다가 잘게 썰어서 쓴다. 70%는 물로 되어 있으며, 그 밖에 당분, 섬유질, 단백질, 철분, 인, 비타민(다이드제인, 다이드진 등) 등이 골고루 들어 있다. 머리 아픈 것을 낫게 하고, 혈압을 낮추며, 설사를 멎게 한다. 땀으로 물기를 내보내고 열을 내린다. 칡의 어린 순을 '갈용' 이라 하며, 몸의 원기를 돋우는 약으로 쓴다. 꽃은 '갈화' 라고 하는데, 식욕부진, 구토, 장출혈, 주독증에 활짝 핀 꽃을 말려 쓰면 효과가 있다.

매발톱꽃차

자기만의 멋을 풍기고 있는 꽃

여러 가지 색과 생김이 재미있다.
매의 발톱 모양이 꽃 뒤에 있어 매발톱 꽃이라 했는지.
귀하게 생긴 모습에 한참을 바라봤지만,
외로움이 숨은 듯해서 감히 기침소리도 낼 수 없었다.

매발톱꽃

매발톱꽃 차

- 꽃을 송이 째 손질하여 그늘에 잘 말린다.
  (꽃의 색이 다양하나 무관하다)
- 말린 꽃을 두꺼운 팬에 살짝 덖은 다음, 밀폐하여 냉장 보관한다.
- 꽃 한 송이에 끓는 물을 부어 1분 정도 우려내어 마신다.

매발톱꽃 발효액

- 꽃을 송이 째 채취하여 소금물에 씻고, 그늘에 하루 정도 두어 물기를 말린다.
- 그릇에 건조된 꽃과 동량의 흑설탕을 넣어 버무린 후 항아리에 넣고, 윗부분에 흑설탕을 얇게 펴서 덮는다.
- 한지나 천으로 항아리 윗부분을 막고 뚜껑을 덮는다.
- 3일 후에 뒤집어 설탕이 고루 섞이게 한다.(3회 정도 반복한다)
- 15일 정도 뒤에 걸러내어, 즙액을 1년 이상 숙성시킨다.

매발톱꽃 활용법

매발톱꽃은 아삭거리는 맛이 있어 샐러드로 이용하기 좋다.

매발톱꽃 Aquilegia buergeriana var. **개화 시기** : 6~7월 **맛과 성질** : 맛은 달고 쓰며 성질은 평하다.

효능 및 성분 식물체 전체를 漏斗菜(누두채)라고 한다. 위장염, 폐렴, 황달, 두통, 신경발작, 마비, 월경불순에 쓰인다. 잎과 뿌리에 독성이 있는 유독식물로 알려져 있으나, 꽃은 많은 당분을 함유하여 생식이 가능하며 갈증해소에 효과가 있다. 열매에는 비타민C가 풍부하며 신경쇠약을 치료하는 약효가 있다. 매발톱은 갖가지 염증과 간장질환에 효과가 크며, 변비에도 뚜렷한 완화 작용이 하고, 설사에도 효력이 있다. 황달, 담석증 같은 간질환에도 효과가 있으며, 기침을 억제하는 작용도 있다. 어린 줄기와 잎을 달인 물은 고혈압에도 효과가 있어 혈압을 일정하게 낮춘다. 결막염이나 눈의 염증에도 매발톱나무를 유용하게 쓸 수 있는데, 줄기나 뿌리 달인 물을 고운 체에 걸러서 점안하거나, 눈을 씻는다. 매발톱나무 잎차는 향이 독특하고, 관절염이나 생손앓이에 효과가 있는 것으로 알려져 있다.

비수리꽃차

왁자지껄한 장날과 같이 즐거움을 주는 꽃

항아리에 전초를 넣어 술을 붓고, 이름과 날짜를 써 넣으니
기다리는 마음이 앞서 간다.
깔깔거리는 여인의 웃음소리 목젖으로 넘어갈 때,
뒷머리 긁어대는 남정네들 쑥스러운 듯 침을 삼키고
쌉싸름하게 올라오는 이른 취기에 너털웃음 짓는
왁자지껄한 장날과 같은 꽃.

비수리 꽃

비수리꽃 차

- 꽃과 잎을 함께 채취하여 손질한다.
- 서늘하고 그늘진 곳에 한지를 깔고 약 7일 정도 건조시킨다.
- 밀폐 용기에 넣어 냉장 보관한다.

비수리 술 1

- 손질한 비수리를 잘게 썰어 그늘에 말린다.
- 35℃ 이상의 증류수(소주)에 넣는다.
- 3개월 정도 발효시킨다.
(오래 두면 더 마시기가 좋아진다)
- 술이 독하므로 마실 때, 꿀을 적당히 넣어 주면 마시기에 좋다.

비수리 술 2

- 꽃이 필 무렵, 꽃 가지와 뿌리를 함께 채취하여 씻어 건조시킨다.
- 용기에 손질한 비수리를 넣고 35℃ 이상의 증류수(소주)를 부어 밀봉한다.
(1년 가량 햇볕(직사광선)과 공기의 접촉을 막아 발효시키면, 향긋한 술을 얻을 수 있다)

비수리 활용법

비수리는 독이 없는 식물로 술로 이용할 때 진가가 나타난다.

간혹 도수가 높아 마시기 어려울 때에는, 마시기 전에 술의 뚜껑을 열어 하루 정도 지난 후에 이용하고, 발효액에 섞어 마셔도 좋다.

비수리 Lespedeza cuneata G. Dom **개화 시기** : 7~9월 **맛과 성질** : 맛은 쓰고 매우며 성질은 차다.

효능 및 성분 夜關門(야관문)이라고 한다. 간과 콩팥을 튼튼하게 하고, 어혈을 없애며, 부은 것을 내리게 한다. 간과 신의 기능을 보해주므로 유정, 유뇨와 소변 색깔이 흰 것을 치료하고, 여성의 백대하에 쓰인다. 폐음을 강화시키므로 해수와 천식에도 좋다. 유방염과 종기에도 활용되며 시력강화 작용을 한다. 폐와 간, 콩팥에 작용하여 열을 내리고, 뱃속에 있는 벌레를 죽이며, 유방에 생긴 종기, 뱀에 물린 상처, 눈이 빨갛게 충혈된 것을 치료한다. 위궤양, 탈항에도 효과가 있다. 야관문의 잎, 뿌리, 줄기에는 플라보노이드, 피니톨, 페놀, 탄닌, 시토스테롤 등이 있는데, 이들 성분은 염증을 없애고, 가래를 삭이며, 황색포도상구균, 폐렴상구균, 연쇄상구균, 카타르구균 등을 죽이거나 억제한다.

금불초꽃차

풀빛 천 위에 금수를 놓은 듯 화려한 빛깔로 들판을 물들인 꽃

금수를 놓은 듯 반짝이는 꽃송이가 풀빛 위에 무리져
안개가 지나간 하늘을 향해 이제 막 물기를 닦고 있다.
텃밭에 옮겨 놓은 야생화의 꽃대가 해마다 어김없이 떠올라
화려한 빛깔로 마음을 위로한다.

금불초꽃

금불초꽃 차

- 꽃잎을 채취하여 손질한다.
- 한지 위에 손질한 꽃잎을 널어 놓는다.
- 따뜻한 바닥이나 바람치는 그늘에서 6일 정도 말린다.
- 햇볕에서 1시간 정도 더 건조시킨다.
- 밀폐 용기에 넣어 서늘한 곳에 보관한다.

31

여름의 생명력을 머금은 꽃

금불초꽃 발효액

발효액을 만들 때

발효액을 만들 때에 원재료 속에 소량의 감초와 생강을 저며 넣고 함께 숙성시키면 맛과 향이 더욱 살아난다.

- 꽃과 가지를 함께 채취하여 잘게 자른 뒤, 씻어 물기를 말린다.(하루 정도)
- 항아리에 손질한 꽃을 담고 동량의 흑설탕을 넣어 섞어 버무린다.
- 한지로 항아리 윗부분을 밀봉하고 뚜껑을 덮어 서늘한 곳에 둔다.
- 3~4일 후 뚜껑을 열어 완전히 뒤집어 준다.(5회 정도 반복한다)
- 2달 후 걸러내어 1년 이상 숙성시킨다.
- 냉수에 발효액 8 : 물 2 정도로 희석하여 차게 또는 뜨겁게 마신다.

금불초 Inulla britannica L. **개화 시기** : 7~9월 **맛과 성질** : 맛은 짜고 매우며 성질은 따뜻하다.

효능 및 성분 *旋複花*(선복화)라고 한다. 해수, 천식, 소화불량, 흉협창만, 심하비경, 입에서 냄새가 나고 갈증과 딸꾹질을 자주하는 급성위장염, 숨이 가쁘고 목구멍에 담이 차는 한담증, 호흡이 가쁘고 끈적한 누런색 담이 많은 열증으로 인한 해수, 만성기관지염에 쓰인다. 꽃은 흔히 들국화, 금잔화라고 불리는데, 가래를 삭이고, 구역질을 억제하는 효능이 있으며, 뱃속에 물이나 가스가 차서 부른 증세와 암 치료제 염증 치료제로도 쓰인다. 소화 불량과 트림이 심한 증세, 가슴이 답답하고 아픈 데, 소변이 제대로 나오지 않을 때에도 이용한다. 피부병에는 생잎을 짓찧어 바르고 염증약으로 쓴다. 금불초에는 이와 같이 많은 효능이 있으나, 대장이 냉하고 몸이 허한 사람은 다량의 복용을 금해야 한다.

꾸지뽕나무꽃차

검푸른 빛을 가진 작은 공과 같이
열매인 양 오밀조밀 귀여운 꽃

꽃이라고 해야 하나.
가을이면 빠알간 열매가 울퉁불퉁한 모습으로 변하여,
지나가는 새들과 여행자의 목을 축여준다.
풀향기 풋풋하게 나며 앙증맞고 귀여운 모습에
만성이 된 시름을 잠시 놓아 본다.

꾸지뽕나무꽃

꾸지뽕나무꽃 차

- 꽃과 잎을 함께 채취한다.
- 한지를 깔고 널어 놓는다.
- 따뜻한 방이나 바람이 있는 서늘한 그늘에서 7일 정도 말린다.
- 햇볕에 2~3 시간 정도 더 건조시킨다.

주의점

꽃잎이 부서지지 않도록 조심하며 손으로 자주 만지지 않는다.

나무 집게를 이용하면 좀 더 깨끗한 차를 만들 수 있다.

꾸지뽕나무꽃과 꾸지나무꽃

꾸지뽕나무꽃을 꾸지나무꽃과 같은 것으로 알고 있는 사람들이 많다. 두 꽃은 다른 것이므로 주의한다.

꾸지뽕나무꽃

꾸지뽕나무꽃은 암수딴그루로, 수꽃은 화피가 3~5장이고 수술이 4개이다. 암꽃은 화피가 4장이고 암술대는 2개이다.

꾸지나무꽃

꾸지나무꽃은 단성화로 암수딴그루이고, 수꽃은 4개로 갈라진 화피와 4개의 수술이 있다. 암꽃의 화피는 통 모양이고 3~4개로 갈라지며 암술대는 실 모양으로 길다.

꾸지뽕나무 Cudrania tricuspidata Bureau **개화 시기** : 6월 **맛과 성질** : 맛은 쓰며 성질은 평하다.

효능 및 성분 자목(刺木)이라고 한다. 돌뽕나무, 활뽕나무, 가시뽕나무 등으로도 부른다. 여성의 자궁암, 자궁염, 냉증, 생리불순, 관절염, 신경통 등에 효과가 커서 여성들의 질병에 성약(聖藥)이라 할 만하다. 또한 어혈을 없애고, 오줌을 잘 나가게 하고, 간장과 신장의 기능을 튼튼하게 하고, 온갖 염증을 없앤다. 자궁암, 자궁염, 냉증에는 꾸지뽕나무 기름을 내어 먹는 것이 가장 좋다. 꾸지뽕나무는 또 항암효과가 매우 높은데, 식도암, 위암, 결장암, 직장암 같은 소화기관의 암에 주로 쓰고, 폐암이나 간암 환자에게도 쓴다. 항암제나 방사선요법을 쓸 수 없을 정도로 악화된 환자들한테서 썩 좋은 결과를 거두었다고 한다.

배롱나무꽃차

분홍빛 드레스를 겹쳐입고
꽃바람 흩날리며 풍요로움을 전해주던 꽃

비가 내린 후, 그 무게를 이기지 못해 흐느적거리는 모습이
주름치마 살랑거리며 춤을 추던 무희들이
공연이 끝난 후 달빛 아래 지친 무게를 내 보이는 것 같아 보인다.
화려한 외관 뒤에 숨겨진 처량함에
삶의 무게가 투영된다.

배롱나무 꽃

배롱나무꽃 차

- 꽃을 송이만 채취하여 깨끗이 손질한다.
- 한지를 깔고 채취한 꽃을 널어 놓는다.
- 따뜻한 방이나 바람이 있는 서늘한 그늘에서 7일 정도 말린다.
- 밀폐 용기에 넣어 서늘한 곳에 보관한다.

주의점

몸이 차서 임신이 잘 되지 않을 때, 배롱나무 뿌리를 달여서 꾸준히 복용하면 몸이 차츰 따뜻해지고 혈액순환이 좋아져서 임신이 가능하게 되나, 임신 중에는 태아에게 열을 전달할 수 있으므로 복용하지 않는 것이 좋다.

배롱나무꽃 발효액

- 꽃과 잎, 가지를 함께 채취하여 잘게 자른다.
- 소금물에 씻어 하루 정도 두어 물기를 말린다.
- 동량의 흑설탕을 넣고 버무려서 항아리에 넣는다.
- 3개월 후에 걸러 내어 즙액을 1년 이상 숙성시킨다.
- 다른 발효액과 희석하여 마셔도 좋다.

배롱나무 Lagerstroemia indica L. **개화 시기** : 7~8월 **맛과 성질** : 맛은 시고 매우며 성질은 차다.

효능 및 성분 木百日紅(목백일홍), *紫薇花*(자미화)라고 한다. 배롱나무는 꽃, 줄기, 뿌리, 잎 모두를 약으로 사용한다. 산후에 혈이 멎지 않는 증상, 개나선창, 소아의 난두태독을 치료한다. 물로 달여서 복용하거나, 외용시에는 달인 물로 씻는다. 배롱나무 잎은 항균 작용을 하여 이질, 습진, 외상출혈을 치료하며, 나무껍질은 해열 작용을 하며 피를 잘 순환시킨다. 방광염에도 뛰어난 효능을 보이며, 여성의 대하증, 냉증, 불임증과 자궁출혈이나 치질로 인한 출혈에도 좋다.

산딸기꽃차

금방이라도 떨어져내릴 듯 가냘픈 모습에 가슴 떨리지만
든든한 가시가 있어 행복해 보이는 꽃

마음이 울적하면 찾아가던 모악산 오솔길에서 만난다.
작은 가시가 곧추 서 있어 조심스레 바라보기만 했던 꽃.
금방이라도 터져 버릴 것 같은 볼을 품고 앙증맞게 매달려 있다.
너무나 가냘픈 모습이지만 그래도
보호해 주는 가시가 곁에 있어 행복해 보이는 꽃.

산딸기 꽃

산딸기꽃 차

- 꽃을 송이 분량으로 채취한다.
- 한지를 깔고 채취한 꽃을 널어 놓는다.
- 바람이 있는 서늘한 그늘에서 5~6일 정도 말린다.
- 밀폐 용기에 넣어 서늘한 곳에 보관한다.

산딸기 발효액 1

- 반쯤 익은 열매를 따서 깨끗하게 손질한다.
- 동량의 흑설탕을 넣고 고루 섞는다.
- 항아리에 담고 3개월 가량 발효시킨다.
- 걸러내어 다시 1년 이상 숙성시킨 후 음용한다.

산딸기 발효액 2

- 잘 익은 열매를 따서 깨끗하게 손질한다.
- 동량의 흑설탕을 넣고 머무려 으깬 뒤 항아리에 넣는다.
- 15일 가량 발효시킨 후, 베 보자기를 깔고 맑은 즙액을 걸러 낸다.
- 6개월 이상 숙성시키며, 가끔씩 흔들어 가스를 빼 준다.

산딸기 술

- 덜 익은 새콤한 열매를 따서 35℃ 이상의 소주를 넣어 밀봉한다.
- 1년 이상 숙성시킨다.

주의점

산딸기로 술을 만들 때, 공기와의 접촉은 최대한 줄이며, 용기의 90% 가량만 채워준다. 숙성 기간이 끝나면 개봉하여 조금씩 다른 용기에 넣어 시원하게 이용한다.

34

여름의 생명력을 머금은 꽃

산딸기 Rubus crataegifolius Bunge **개화 시기** : 5~6월 **맛과 성질** : 달고 시며 성질은 따뜻하다.

효능 및 성분 목매, 우질두라고 한다. 산딸기는 뿌리도 약재로 사용하며, 덜익은 열매는 말려서 사용하는데 이를 '복분자'라고 한다. 복분자는 기운을 돋우고, 몸을 가볍게 하며, 눈을 밝게 하고, 머리털이 희어지지 않게 한다. 신장과 간장에 들어가는데, 남자의 신장을 튼튼하게 하여 음위를 치료하고, 여자가 먹으면 아들을 낳게 한다는 속설이 있다. 자다가 오줌을 싸는 아이, 소변을 참지 못해 화장실에 자주 가야 하는 어른에게도 좋은 효과를 보인다. 산딸기는 초여름 덜 익었을 때에 따서 햇볕에 말려서 쓰는데, 옛 기록에는 물에 씻어 술을 넣고 쪄서 말려야 약효가 제대로 난다고 하였다.

싸리꽃차

싸리 회초리의 날카로운 추억
올바름을 알리는 스승 같은 꽃

편두통이 있던 날,
들판을 둘러보다 싸리꽃을 발견하고 차로 우렸다.
멍한 기분이 말끔해지는 것이 얼마나 신기하던지.
그 날 이후, '머리 아프다.' 하면 나도 모르게 싸리꽃을 찾고 있다.

싸리꽃

싸리꽃 차

- 꽃과 잎을 손질하여 그늘에 말린다.
- 마른 꽃을 밀폐 용기에 넣어 보관한다.
- 2~3 티스푼을 끓는 물에 부어 1~2분간 우려내어 마신다.

▲ 싸리꽃 차

▲ 분홍 싸리꽃 차

싸리잎 차

- 연한 순을 채취하여 소금물에 씻어 건조시킨다.
- 두꺼운 팬에 살짝 덖어내어 습기를 완전히 제거한다.
- 잎차 1 티스푼을 넣고, 꽃차 1~2 송이를 띄워 뜨거운 물을 붓고 2~3분 정도 우려내어 마신다.

싸리꽃 이용법

싸리꽃은 색이 고와 얼음꽃을 만들기에 적합하다.

싸리꽃 Lespedeza bicolor Turcz. **개화 시기** : 7~8월 **맛과 성질** : 맛은 달고 쓰며 성질은 평하다.

효능 및 성분 胡枝子(호지자), 山萩(산추), 소형(小荊), 모형(牡荊), 형조(荊條), 녹명화(鹿鳴花), 야합초(野合草), 과산룡(過山龍), 야화생(野花生) 등 여러 가지 이름으로 불린다. 두통, 미용 효과, 피로 회복에 효능이 있다. 예부터 구황식물로 이용되었는데, 봄철에는 어린 싹을 나물로 먹었고, 가을에는 씨를 받아서 가루로 만들어 죽을 쑤어서 먹고, 밥에 섞어 밥을 짓기도 했다고 한다. 싸리나무 잎에는 알칼로이드, 플라보노이드, 아스코르빈산이 함유되어 있으며 비타민C가 다량으로 들어 있다. 때문에 소변을 잘 나오게 하고 열을 내리는 효능이 있다. 껍질에는 탄닌이 들어 있으며, 줄기와 잎에는 사포닌이 들어 있는데, 잎을 달여서 신장염, 신부전증, 콩팥경화증, 콩팥질소혈증 등에 쓰고 고혈압과 동맥경화를 예방하고 치료하는 데에도 사용한다. 또한 뿌리의 껍질에는 플라보노이드와 레스페딘 성분이 있어 피와 간의 콜레스테롤의 양을 낮추고 소변을 잘 나가게 하며 몸속의 질소 성분을 몸 밖으로 내보내는 작용을 한다. 풍으로 인한 마비, 타박상, 여성의 대하, 종기, 류마티스 관절염, 요통, 타박상 등에 효험이 있다. 싸리나무의 씨에는 단백질과 전분, 지방질이 많고 여러 가지 영양분이 많이 들어 있어서 식량 대신 먹을 수 있는데, 가을에 잘 익은 열매를 따서 물에 불려 겉껍질을 벗겨내고 가루를 내어 떡을 만들어 먹거나, 반죽하여 국수나 수제비를 만들어 먹는다. 싸리나무 씨를 오래 먹으면 몸이 가벼워지고 기운이 나며 피로를 풀어주는 효과가 있다고 한다.

익모초꽃차

풋풋한 향내로 청량감을 주는 꽃

시골길 가장자리에 핀 보랏빛의 작은 꽃송이가 시선을 잡는다.
늘씬하게 쭉 뻗은 몸체와 풋풋한 향으로
길 가는 이를 유혹하는 꽃.
무더운 일상을 잠시 접어두게 한다.

익모초꽃

익모초꽃 차

- 개화된 꽃을 채취하여 깨끗하게 손질한다.
- 그늘에 한지를 깔고 서늘한 곳에서 건조시킨다.
- 공기가 습할 때에는 솥에 물을 부어 끓인 뒤, 쟁반을 엎고 그 위에 한지를 깔고 건조시킨다.

익모초꽃 발효액

- 꽃이 피면 전초를 채취하여 잘 씻어 물기를 빼고 잘게 자른다. (신선한 발효액을 만들기 위해, 채취한 후 바로 씻어 담그는 것이 좋다)
- 동량의 흑설탕과 함께 항아리에 차곡차곡 넣고, 윗부분에는 공기의 접촉을 막을 수 있도록 흑설탕을 듬뿍 넣어 준다.
- 항아리를 밀봉한 후 6개월 이상 발효시켜서 음용한다. (칡의 순이나 당귀의 잎사귀를 같이 넣어 만들면 더욱 좋다)

익모초의 줄기 부분은 조금 맵고 쓰며, 뿌리 부분은 달다. 이렇게 각 부분마다 맛과 성분에 조금씩 차이가 있으나 녹즙용으로는 잎부분이 적당하다.

익모초 생즙

- 신선한 익모초 잎을 채취하여 흐르는 물에 깨끗이 씻는다.
- 준비된 재료를 녹즙기에 넣고 간다.
- 한 잔 분량을 아침마다 복용한다.
- 익모초즙은 몹시 쓰므로 사과, 당근즙과 5:5 정도로 혼합해서 마시면 좋다.

익모초 Leonurus sibiricus L **개화 시기** : 7~8월 **맛과 성질** : 맛은 맵고 쓰며 성질은 차다.

효능 및 성분 益母草(익모초)라고 한다. 산모에게 도움이 되는 약이라는 데서 익모초라는 이름이 붙었으며, 월경을 조절하는 효과가 뛰어나 부인병에 특효약으로 이용된다. 월경불순, 월경통, 산후 남아있는 어혈제거, 여름철 더위를 먹은 일사병이나 열사병, 눈이 붉게 충혈되었을 때, 어혈로 월경이 두 달 이상 없고 복부통이 있을 때, 월경시 약간의 출혈만 있을 뿐 순조롭게 배설되지 않을 때 등 부인과 질병에 효과적으로 쓰인다. 여름철 성장이 왕성할 때 채취하여 햇볕에 말리며, 또는 생것으로 쓰는데 잘게 썰어서 사용한다. 『본초강목』에 익모초는 소서와 단오사이인 6월 6일 채취하는 것이 가장 좋다고 한다. 익모초의 종자를 '충울자' 라 하는데, 효과는 익모초와 유사하여 월경조정의 효능이 있다. 월경불순, 월경통 및 산후에 남아있는 어혈이 없어지지 않을 경우에 적합하다. 익모초 생즙은 더위를 먹은 병을 치료하거나 예방하며, 심장 근육에 함유된 유효성분을 늘려주고 심장 기능을 강화한다. 또, 청열의 효능이 있기 때문에, 눈이 붉게 충혈되고 아픈 경우에 결명자, 목적을 배합해 사용하면 좋다.

장미꽃차

사치스러운 모습은 부러움을 낳지만
가시로 치장한 온몸이 애처로움을 갖게 하는 꽃

많은 사람들이 사랑하여
자신의 화단에 심어놓고 행복해하는 꽃.
도도한 인상을 풍기지만,
조용한 달빛 아래 이슬을 머금은 모습은 거만함도 화려함도 없는 침묵만이 남아있어
화려할 수록 슬픔도 눈물도 많아지는 우리의 인생을 돌아보게 한다.

장미꽃

장미꽃 차

- 연한 소금물에 꽃잎을 한 장씩 떼어 씻는다.
- 채에 받쳐 물기를 제거한다.
- 한지 위에 널어 그늘에서 6~7일 정도 말린다.
- 따뜻한 물에 꽃잎 3~4장을 넣어, 2분 정도 우려낸 후 마신다.

장미꽃은 모든 요리에 잘 어울리며 색깔별로 각각의 맛과 향이 있어 다채롭다.

- **붉은색** : 쓴 맛
- **분홍색** : 달콤한 맛
- **보라색** : 새콤하면서 달콤한 맛
- **노란색** : 떫으면서 달콤한 맛

장미꽃 발효액

- 꽃잎만 떼어내어 동량의 흑설탕에 버무려 항아리에 담아 저장한다.
- 3~4일에 한 번씩 저어준다.
- 한 달 후에 걸러내어 즙액을 1년 이상 숙성시킨다.
  (또는 꽃잎을 거르지 않고 15일 후에 냉장고에 넣어, 6개월 이상 숙성시킨다)
- 냉수나 온수에 발효액 1 티스푼을 넣어 마신다.
  (꽃잎을 1~2개 정도 올리면 맛과 향이 더욱 좋아진다)

장미꽃 Rosa multiflora var. **개화 시기** : 5~6월 **맛과 성질** : 맛은 달고 쓰며 성질은 따뜻하다.

효능 및 성분 木香花(목향화), 薔薇花(장미화)라고 한다. 처음 꽃봉오리가 열렸을 때 채취하여 햇볕에 말려 사용한다. 장미는 향이 좋을 뿐만 아니라, 레몬의 17배나 되는 비타민C를 함유하고 있어 몸 안의 활성산소와 스트레스를 동시에 풀어주고, 공복에 마시면 변비에 효과적이다. 또 혈액순환을 도와 피부노화를 방지하고, 기혈을 돕고 어혈을 풀어주며, 간과 위의 통증을 완화시켜 준다. 특히 어혈성 생리통에 효과가 있어 여성이 이용하면 더욱 좋다.

달맞이꽃차

하늘거리며 피어 오른 연약한 잎에 달빛을 물들인 꽃

달콤한 아침잠을 던져두고 들녘으로 내달리면
생생한 꽃들이 나를 반긴다.
달맞이 꽃 피는 언덕에서 친구들과 목청 높여 노래하던 그 때.
달빛과 같은 여운으로 남았다.

달맞이꽃

달맞이꽃 차

- 꽃을 채취하여 깨끗이 손질한다.
- 바람이 있는 그늘에서 5~6일간 말린다.
- 바싹 말린 꽃을 두꺼운 팬에 살짝 덖어 준 다음, 식혀서 밀폐 용기에 보관한다.

달맞이순 이용법

자란순은 삶아서 나물로 이용하는데, 약간의 소금을 넣어 끓인 물에 자란순을 살짝 데친 후, 찬물에 헹구어 물기를 제거하고 고추장, 된장, 소금 등의 양념을 간간하게 하여 무쳐 먹으면 아삭한 맛을 즐길 수 있다.

달맞이꽃 샐러드

- 손질된 꽃을 준비한다.
- 제철 과일을 먹기 좋게 썰어 놓는다.
- 오이, 양상추, 새싹 등을 준비하여 먹기 좋게 손질해 놓는다.
- 과일과 야채를 섞어 접시에 담고, **소스***를 뿌린 뒤 꽃을 올려 먹는다.

*__소스 :__ 요플레나 요구르트에 양파즙을 약간 넣고, 견과류 가루를 섞어 만든다.

달맞이꽃 Oenothera ododrata jacq **개화 시기** : 7월 **맛과 성질** : 맛은 매우며 성질은 따뜻하다.

효능 및 성분 月見草(월견초), 待宵草(대소초), 夜來香(야래향)이라고 한다. 월경 전 증후군, 월경과 관련한 유방통, 습진, 관절통, 고혈압, 감기, 신장염, 인후염, 고열에 쓰인다. 달맞이꽃은 종자에서 기름을 짜 약용 또는 식용하는데, 보리지 오일과 리놀렌산의 유도체인 감마리놀렌산이 풍부하다.

달맞이꽃 종자유는 보습 효과가 뛰어나, 아토피성 피부염의 경우, 피부에 물을 적시고 목욕 스펀지 또는 손에 오일을 묻혀 부드럽게 문지른 후 헹궈내면 촉촉함을 유지할 수 있다. 봄에서 여름동안 전초를 채취하여 햇볕에 말려 쓰고, 가을에 뿌리를 채취하여 말린 후 그대로 썰어서 사용한다.

해바라기꽃차

맘씨 좋은 이웃 언니의 환한 웃음과 같은 꽃

시원하고 편안하게 활짝 핀 모습이
파란 하늘, 초록 잎과 오묘하게 어울린다.
푸짐하게 핀 노오란 꽃송이는
맘씨 좋은 이웃 언니의 환한 웃음과 닮았다.
그저 웃고, 고개를 끄덕이며, 바람이 이끄는 대로 몸을 맡기는
소박함이 정겨운 꽃.

해바라기꽃

해바라기꽃 차

- 꽃잎만 채취하여 깨끗이 손질한다.
- 서늘하고 그늘진 곳에 한지를 깔고, 5~7일 정도 손질한 꽃잎을 말린다.

해바라기꽃 튀김

- 작은 봉오리를 채취하여 깨끗하게 손질한다.
- 먹기 좋은 크기로 자른다.
- 봉오리 째 튀김옷을 입힌다.
- 중간 불에서 튀겨낸다.

해바라기순 샐러드

- 잘 여문 씨앗을 보관하여 흙 상자나 텃밭에 심는다.
- 순(筍)이 올라오면 뿌리 째 뽑는다.
- 살짝 씻어 물기를 제거한다.
- 들나물과 함께 담아 **양념장***을 얹어 낸다.

***양념장 :** 고춧가루, 실고추, 액젓, 간장, 마늘, 참기름, 깨소금, 설탕을 섞어 만든다.

39

여름의 생명력을 머금은 꽃

해바라기 *Helianthus annuus* **개화 시기** : 8~9월 **맛과 성질** : 맛은 달고 성질은 따뜻하다.

효능 및 성분 向日花(향일화), 朝日花(조일화), 向日葵(향일규)라고 한다. 해바라기의 꽃받침은 관절염과 각종 종기에 효과가 있으며, 혈압 강하 작용을 하여 고혈압으로 인한 두통에 효과가 있다. 해바라기 씨에는 반건성유 지질이 함유되어 있는데, 피부가 거친 사람이 소량으로 장복하면 피부가 고와진다. 또 씨앗에 들어 있는 단백질은 메티오닌과 트립토판이 비교적 많아서 영양적으로도 우수하며, 소화가 잘 되고 성질이 따뜻하여 좋은 먹거리가 되지만, 임산부는 너무 많이 먹어서는 안 된다. 칼륨, 칼슘, 철분 등의 무기질과 비타민B 복합체 또한 풍부하여 고혈압이나 신경과민이 원인이 되는 동맥경화에 좋고, 혈액순환을 도와주고 영양소가 몸에 잘 흡수되도록 도와주어 간 기능을 정상화시키는 작용도 한다.

맨드라미꽃차

닭의 벼슬을 닮아
계관(鷄冠)이라 하는 꽃

작은 불꽃들을 보며 여름의 뜨거움을 실감한다.
까만 열매 맺힐 때면 꽃자루를 손에 쥐고
툭툭, 사방에 뿌려보기도 하였던 어린 날을 기억하게 하는 꽃.

맨드라미꽃

맨드라미꽃 차

- 꽃을 채취하여 깨끗이 손질한다.
- 채취한 꽃을 흐르는 물에 씻는다.
- 반그늘에 한지를 깔고 7일 정도 건조시킨다.

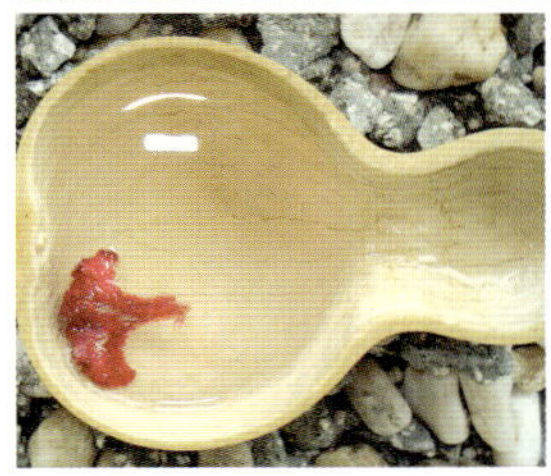

주의점

꽃잎 안의 씨앗을 깨끗이 털어내고 건조시킨다.

맨드라미 이용법

전(煎)과 송편, 수제비, 국수 등의 반죽에 분홍빛 색소로 이용한다. 물김치나 화채 등의 색을 낼 때 사용해도 좋다.

맨드라미꽃 발효액

- 꽃잎을 채취하여 깨끗이 손질한다.
- 채취한 꽃잎을 작게 썰어 동량의 흑설탕을 넣고 발효시킨다.
- 15일 후에 채에 받쳐 걸러낸다.
- 1년 이상 다시 숙성시킨다.
- 물에 희석하여 마신다.

맨드라미 Celsoia criotata C. **개화 시기** : 7~8월 **맛과 성질** : 맛은 달고 성질은 서늘하다.

효능 및 성분 鷄冠(계관), 鷄頭(계두)라고 한다. 대장 · 방광 · 자궁의 출혈, 월경 과다, 1년 이상 지속되는 백대하, 만성변비, 장염으로 오랫동안 하는 만성 설사와 이질, 두드러기에 쓰인다. 피를 맑게 하고 지혈 작용을 하며, 설사를 멈추게 하는 작용도 한다. 치질에 의한 출혈, 대 · 소변 시의 출혈, 기침을 할 때 피가 섞여 나오는 것, 아랫배가 아프고 설사를 하는 증상, 피부 습진, 옴을 치료한다. 맨드라미의 종자를 계관자라고 하는데, 정혈 작용을 하며 시력 감퇴를 치료한다.

쑥부쟁이꽃차

어린 날의 일상을 되돌아 보게 하는
추억의 꽃

들과 산에 지천으로 자라던 꽃.
벌에 쏘여 부어오른 상처를 치료해 주고,
새순을 뜯어 친구들과 소꿉놀이 하던 날을
생각나게 하는 정겨운 꽃.

쑥부쟁이꽃

쑥부쟁이꽃 차

- 꽃봉오리를 채취하여 깨끗하게 손질한다.
- 바람이 있는 그늘에서 한지를 깔고 7~8일간 말린다.
- 밀폐 용기에 보관한다.

쑥부쟁이 두부 무침

- 쑥부쟁이를 손질하여 살짝 데친다.
- 약 3~4 시간 정도 쓴 맛을 우려낸다.
- 두부와 소금, 깨소금, 들깨소금, 들기름을 넣고 무친다.

쑥부쟁이 나물

- 쑥부쟁이를 손질하여 연한 소금물에 데친다.
- 찬물에 3~4 시간 동안 담가둔다.
- 고추장에 무친다.
- 깨소금과 들기름을 넣는다.
  (마늘과 같이 향이 강한 양념은 넣지 않도록 한다)

쑥부쟁이 Aster Yomena Makino **개화 시기** : 7~9월 **맛과 성질** : 맛은 쓰고 매우며 성질은 차다.

효능 및 성분 山白菊(산백국)이라고 한다. 사포닌류 및 탄수화물, 에스테르류, 탄닌, 단백질, 아미노산, 엽록소 등도 함유하고 있다. 청열, 해독, 거담, 진해의 효능이 있어 기침을 멎게 하고, 풍을 제거하며, 벌에 쏘인 상처, 풍열로 인한 감기, 편도선염, 기관지염, 유방염, 종기, 독사에 물린데, 노인성 만성 기관지염, 코피나는데, 천식을 치료한다. 신진대사와 식욕을 촉진, 신경 안정에도 효과적이다.

능소화꽃차

수덕한 누이 같이
풍성함을 주는 꽃

빛 바랜 주홍빛 꽃봉오리가
덕이 많은 누이의 치맛폭과 같이 따뜻하다.
빨랫감을 이고 냇물로 향하는 펄럭거림.
나물을 캐어 바구니에 담아 내는 부지런함이
넉넉한 꽃봉오리에 가득 들어 있다.

능소화꽃

능소화꽃 차

- 막 개화된 꽃송이를 채취한다.
- 수술을 떼어 낸다.
- 바람이 있는 그늘에서 한지를 깔고 말린다. (약 10~15일 정도)
- 꽃 1 송이를 끓는 물에 넣고 2~3분 후 마신다.

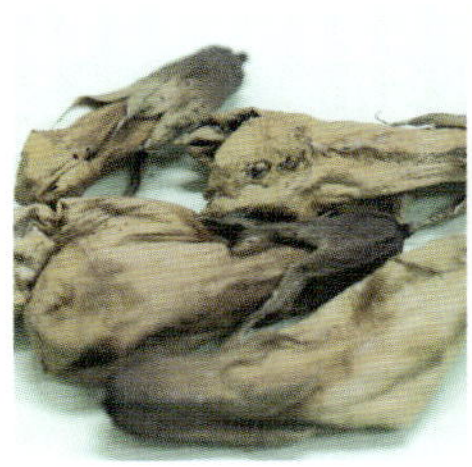

42

여름의 생명력을 머금은 꽃

주의점

꽃가루가 눈에 들어가면 위험하니, 수술 부분을 제거할 때 각별히 주의한다. 꽃가루가 눈에 들어갔을 경우에는 눈을 비비지 말고 깨끗한 물에 눈을 대고 깜박이며 걸러주면 좋다.

능소화꽃 이용법*

1. 산야초 잎과 함께 개화한 꽃의 수술을 떼어내고, 한 송이에 적당량을 얹어 쌈으로 이용한다.
2. 밥을 지을 때, 깨끗이 손질한 꽃송이를 찢어 넣고, 뜸을 들여 꽃밥으로 이용한다.

능소화꽃 전

- 수술을 떼어 낸 꽃잎을 반으로 찢어 깨끗이 손질한다.
- 밀가루에 소금과 설탕을 넣어 반죽한다.
- 팬이 달궈지면, 반 국자 정도의 반죽을 넣고 얇게 편다.
- 꽃을 올려 노릇하게 지져낸다.
- 참기름을 넣은 간장 양념장에 찍어 먹는다.

능소화 Campsis grandiflora **개화 시기** : 7~8월 **맛과 성질** : 맛은 달며 성질은 차다.

효능 및 성분 寄生花(기생화)라고 한다. 능소화의 꽃을 민간에서 생혈약, 통경약으로 신우염, 월경불능에 쓴다. 또한 오줌나기, 열 내림약으로 쓴다. 『본초경』에 '부인출산의 여병, 붕중, 징가, 혈폐, 한열을 치료하며 태아를 도운다.' 고 기록되어 있으며, 부인과의 약물이다. 당귀, 홍화, 적작약과 혼합하여 혈을 잘 통하게 하는 데에 사용한다. 하지만 꽃을 봉오리째 따서 말려 차로 우려먹는 능소화꽃 차는 임신 중에는 사용을 금해야 한다.

갈퀴나물꽃차

투박한 꼬투리로
나름대로의 멋을 부린 보랏빛 꽃송이

보랏빛 옷을 입고 나들이 나온 꽃들을 마주 대하며,
사람들의 모습이 제각각인 것처럼
자연의 모습도 천차만별임을 깨닫는다.
형제처럼 닮아 있지만 저마다의 삶을 가진
사람과 자연.

갈퀴나물꽃

살갈퀴꽃 차

- 만개한 꽃을 피하여 채취한다.
- 바람이 있는 그늘이나 따뜻한 방바닥에 한지를 깔고 채취한 꽃잎을 널어 놓는다.
- 약 7~10일간 건조시킨다.

살갈퀴꽃 이용법

살갈퀴꽃은 색이 고와 꽃김밥의 속재료로 이용하거나, 요리와 함께 접시를 장식하여 식욕을 돋우는 데에도 이용한다.

살갈퀴 무침

- 꽃잎과 순, 잎과 줄기를 채취하여 손질한다.
- 손질한 재료를 살짝 데쳐, 먹기 좋은 크기로 썬다.
- 소금, 참깨, 들깨, 들기름을 약간 넣어 양념을 한 뒤 살짝 무친다.

살갈퀴 샐러드

- 어린 순을 채취하여 손질한다.
- 먹기 직전에 소금, 들깨, 들기름, 설탕을 약간 넣어 양념을 한 뒤 버무린다.

갈퀴나물 Vicia amoena Fisher　**개화 시기** : 6~9월　**맛과 성질** : 맛은 달고 성질은 평하다.

효능 및 성분 팔선초(八仙草)라고 한다. 기침, 천식, 기관지염, 인후염, 장출혈, 코피, 유선염, 중이염, 종기, 유행성 감기 예방에 쓰인다. 이른 봄에 어린 순을 캐서 나물로 먹기도 하는데, 약간의 쓴 맛은 살짝 데쳐 찬물에 헹구면 없어진다. 잎, 줄기, 꽃, 뿌리의 전체를 약재로 쓴다. 꽃은 필 때 채취하여 햇볕에 말린다. 진해, 거담, 해열, 소종 등의 효능이 있으며, 뜨거운 데를 식혀주는 작용도 한다.

가지꽃차

대지(大地)의 생명력을 품은 꽃

꽃밭 가장자리에 몇 그루 심은 것이 제법 열매를 맺었다.
보랏빛 꽃 속의 노란 수술은 촌스러운 듯해도,
한지 위에 올려놓고 장식하면
쉽게 변하지 않는 자연의 색이 두고두고 행복을 준다.

가지꽃

주의점

가지는 찬 성질이 있어, 고혈압이나 열이 많은 사람에게는 좋으나, 냉증이 있거나 임신한 여성에게는 좋지 않다. 또 성대를 상하게 하기 때문에, 천식이나 기침을 하는 사람은 섭취를 금하는 것이 좋다.

가지 말리는 방법

1. 끝부분을 열십자로 가르고 꼭지가 떨어지지 않게 한다.
2. 줄에 걸쳐 널어 바람으로 말린다. (장마철에는 썰어서 따뜻한 곳에서 건조시킨다)

가지꽃 차

- 만개한 꽃을 피해 채취한다.
- 바람이 있는 그늘이나 따뜻한 방바닥에 한지를 깔고, 채취한 꽃잎을 널어 놓는다.
- 약 7~10일간 건조시킨다.

들깨가지탕

- 말린 가지를 미지근한 물에 불려 먹기 좋게 손질한다.(토막내거나 찢는다)
- 손질된 가지의 껍질을 벗겨 들깨가루를 넣고, 다진마늘과 소금을 넣어 간을 맞춘다.
- 냄비에 준비된 재료를 넣어 물을 붓고, 눌지 않도록 저어 주며 끓인다.
- 참깨와 후추가루를 넣어 그릇에 담아낸다.

가지 Solanum melongena L. **개화 시기** : 7~8월 **맛과 성질** : 맛은 달고 성질은 차다.

효능 및 성분 茄子(가자)라고 한다. 대부분이 수분으로 이루어져 있으며, 단백질, 탄수화물, 칼슘, 인 등과 비타민 A, C가 들어 있다. 가지는 사마귀, 티눈, 버섯 중독을 치료하는 효과가 있으며, 혈중 콜레스테롤의 상승을 억제시키는 작용과 동맥 경화를 방지한다는 보고가 있다. 가지 주스가 세포의 손상(염색체 이상)을 억제하여 암의 발생을 예방한다는 연구 결과도 보고되고 있다. 또한 가지는 신경통을 완화시키는 식품으로, 가지에 들어 있는 스코폴레틴과 스코파론이라는 물질이 경련을 억제한다는 것이 입증되었다.

맥문동꽃차

한적한 사찰의 고요함 같이
잔잔한 행복을 느끼게 하는 꽃

몇 해 전인가 조용한 품새의 스님 한 분을 뵈었다.
그 분이 꽃 비빔밥에 대한 답례로 남기고 가신 한 장의 그림과 야생 꽃들에 대한 말씀들.
그림을 보며 마음을 다스리고,
꽃들과의 인연으로 잔잔한 행복을 느낀다.

맥문동꽃

맥문동꽃 차

- 작은 꽃들이 붙어있는 줄기를 채취한다.
- 바람이 있는 그늘이나 따뜻한 방바닥에 한지를 깔고 채취한 꽃잎을 널어 놓는다.
- 약 7일간 건조시킨다.
- 밀폐 용기에 넣어 보관한다.

맥문동 이용법

맥문동은 닭고기와 함께 요리하면 체력 강화와 피로 회복 효과 및 땀으로 소실된 체내 수분을 보충하는 효과가 크다.

맥문동 발효액

- 심지를 제거하지 않은 맥문동을 채취하여 뿌리를 깨끗이 씻는다.
- 물기를 빼고 동량의 흑설탕과 함께 항아리에 담는다. (이 때 생강, 대추, 감초 달인 물을 조금 넣기도 한다)
- 더덕이나 둥굴레 뿌리를 함께 넣어 만들면 진액이 부족한 노인들에게 좋은 건강 음료가 된다.

맥문동 장아찌

- 발효액을 담글 때 건져낸 뿌리를 하루 정도 채반에 널었다가 고추장에 버무려 항아리에 담는다.
- 윗부분에 두껍게 고추장을 덮어 3개월 이상 숙성시킨 뒤, 고추장을 걷어내고 참깨, 실파를 넣고 버무려 장아찌를 만든다.

맥문동 Liriopeplatyphylla Wang et Tang **개화 시기** : 6~7월 **맛과 성질** : 맛은 달며 성질은 차다.

효능 및 성분 麥門冬(맥문동)이라고 한다. 노인의 병후 회복기, 두통, 두훈, 수족마비, 불면증, 진액이 소모되는 고열, 인후의 가려움증이 낫지 않고 마른기침을 하는 오랜 해수증, 구갈이 심한 당뇨병, 잦은 변비가 있는 신체허약자, 피를 토하는 위궤양통에 쓰인다. 맥문동은 적응증이 넓어 진액이 부족한 증상에 어떤 경우든 사용해도 된다. 예부터 맥문동은 원기를 북돋우며, 체력이 저하되는 것을 막아주는 약재로 사용되었으며, 장과 위의 열을 제거하고, 혈관을 부드럽게 하여 혈압을 내리며, 위출혈을 억제하는 작용을 보조한다.

박주가리꽃차

연분홍빛의 앙증맞은 작은 꽃

가지를 축 늘어뜨린 채 기가 죽어 있다가
넝쿨을 걷어주면 시원스레 기지개를 켜고 일어나는 모습.
삶의 고단함에 지쳐있는 나의 몸도
언젠가 일으켜 세워 줄 인연을 만난 것 같아
가슴이 설렌다.

박주가리 꽃

박주가리꽃 차

- 꽃을 송이 째 채취하여 깨끗하게 손질한다.
- 찜솥에 살짝 김을 쐬인 뒤 채반에 널어 말린다.
- 밀폐 용기에 보관한다.

박주가리 이용법

박주가리꽃은 씹는 맛이 아삭하여 샐러드나 비빔밥에 첨가하여 이용하면 좋다.

박주가리 샐러드

- 꽃을 송이 째 채취하여 흐르는 물에 깨끗하게 씻는다.
- 큰 접시에 오이, 참외, 사과 등의 제철 과일을 한입 크기로 썰어 손질한 꽃을 넣고 함께 이용한다.

*소스 : 요구르트에 제철 과일을 넣고 믹서기에 갈아 땅콩가루를 섞어 버무린다.

박주가리 무침

- 연한 잎을 채취하여 끓는 물에 데친다.
- 소금, 깨, 들기름을 넣어 무친다.
  (양념을 할 때에는 마늘과 파를 넣지 않는다)

46 여름의 생명력을 머금은 꽃

박주가리 Metaplexis japonica **개화 시기** : 7~8월 **맛과 성질** : 맛은 달고 매우며 성질은 따뜻하다.

효능 및 성분 노아등(老鴉藤), 뢰과(賴瓜)라고 하며, 한의학에서는 蘿藦(라마)라 하여 약으로 쓴다. 기를 보하고, 출혈을 멈추며, 새살이 잘 살아나게 하고, 해독 작용을 한다. 몸이 약한 데나 음위증 등에 쓴다. 외용약으로 쓸 때는 짓찧어 붙인다. 연한 순은 나물로 만들어 먹고, 씨앗에 붙은 털은 솜 대용으로 사용하기도 한다. 특히 열매의 껍질 부분에서 나오는 흰색 즙이 손에 난 사마귀에 좋다고 알려져 있으며, 신선한 잎은 즙을 내어 뱀에 물렸을 때, 독풀이 약으로 사용한다.

뱀딸기꽃차

고급 옷감처럼
선명하고 화사한 색을 가진 꽃

몸에도 좋은 것이 맛도 있으며, 아름다워서 기분까지 좋게 해주니
얼마나 행복한 묘약이 되는지.
제철에 귀한 분 찾아오면,
뜰에 핀 한 송이 꽃으로 반가움을 알려본다.
자연과 함께하는 행복한 식탁의 멋을 안다면 인생의 멋을 아는 것과 같지 않을지.

뱀딸기꽃

뱀딸기꽃 차

- 꽃과 어린 잎을 함께 채취하여 손질한다.
- 서늘한 곳에 한지를 깔고, 5~7일 정도 말린다.
- 밀폐 용기에 넣어 냉장 보관한다.
- 녹차나 따른 꽃차를 즐길 때 섞어서 이용한다.

뱀딸기잎 차

- 잎을 채취하여 손질한 뒤, 그늘에서 건조시킨다.
- 잘게 썰어 햇볕에 바싹 말린다.
- 달군 팬에 재차 덖는다.
- 병이나 밀폐 용기에 넣어 냉암소에 보관한다.
- 뜨거운 물을 부어 마신다.

뱀딸기꽃 발효액

- 뱀딸기 열매를 흑설탕과 1:1로 섞어 발효시킨다.
- 15일 정도 후에 고운 채로 거른다.
- 냉장 보관한 후, 수시로 마신다.

꽃차와 잎차

꽃차는 담담한 맛으로 다른 차와 섞어 마실 수 있으며, 잎차는 덖음차로 구수한 맛이 깔끔하다.

주의점

뱀딸기를 너무 많이복용하면 두통, 복통, 설사, 구토 증세가 나타나고, 눈동자가 커지는 등 부작용이 있을 수 있으며, 백혈구 수가 적어질 수도 있으니 주의하여야 한다.

뱀딸기 Duchesnea chrysantha Miq. **채취 시기** : 4~8월 **맛과 성질** : 맛은 달고 쓰며 성질은 차다.

효능 및 성분 鷄冠果(계관과), 野楊梅(야양매)라고 한다. 주로 감기, 기침, 천식, 인후염, 월경 불순 등에 쓰인다. 그 밖에 종기와 뱀, 벌레에 물린 상처에도 쓴다. 한방에서는 뱀딸기를 '사매' 라 부른다. 청열 · 해독 작용을 하여, 항균과 소염의 효과가 따른다. 화상 치료와 살충의 효능도 있다. 이질균을 억제하기 때문에, 만성 이질에 상용하면 좋다. 지혈의 효과도 좋아, 위나 십이지장의 출혈이나 궤양의 원인을 제대로 치료하는데 쓰인다. 약리실험에서 후두암을 예방하는 효과가 입증되었으며, 동물실험 결과 항종양 작용이 있다는 사실이 밝혀졌다. 황색포도구균, 뇌막염균, 이질균, 티푸스균의 억제 작용도 한다.

백일홍꽃차

고급 옷감처럼
선명하고 화사한 색을 가진 꽃

몸에도 좋은 것이 맛도 있으며,
아름다워서 기분까지 좋게 해주니 얼마나 행복한 묘약이 되는지.
제철에 귀한 분 찾아오면,
뜰에 핀 한 송이 꽃으로 반가움을 알려본다.
자연과 함께 하는 행복한 식탁의 멋을 안다면 인생의 멋을 아는 것과 같지 않을지.

백일홍꽃

백일홍꽃 차

- 꽃을 채취하여 꽃잎만 떼어낸다.
- 한지 위에서 5~7일 정도 말린다.
- 밀폐 용기에 넣어 냉장 보관한다.
- 녹차나 따른 꽃차를 즐길 때 섞어서 이용한다.

백일홍꽃 튀김

- 꽃을 줄기와 함께 채취하여 깨끗이 손질한다.
- 흐르는 물에 씻어 소쿠리에 받치고 물기를 제거한다.
- 꽃잎과 줄기에 튀김옷을 입힌다.
- 중간 불에서 튀겨낸다.

꽃 튀김을 상에 낼 때에는 생선이나 야채, 버섯, 육류의 튀김류와 함께 소스를 뿌려 내면 여러 가지 맛을 함께 느낄 수 있어 좋다.

백일홍 Zinnia elegans Jacq. **개화 시기** : 6~8월 **맛과 성질** : 맛과 성질이 모두 평하다.

효능 및 성분 百日紅(백일홍)이라고 한다. 꽃이 100일 정도 피어 있다하여 붙여진 이름이다. '목백일홍' 으로 불리는 배롱나무와는 다른 것으로 '꽃백일홍' 또는 '초백일홍' 으로 불린다. 백일홍은 원래 멕시코의 잡초를 원예종으로 개발한 꽃으로, 꽃색은 흰색, 노란색, 주홍색, 오렌지색, 엷은 분홍색 등 여러 가지가 있다. 따뜻한 곳에서 자라던 식물이라 추위보다 무더위를 잘 견딘다. 남미에서는 백일홍이 악을 제거하고 복을 가져다 주는 상징으로 이용되었다. 심신의 안정이 필요할 때 이용한다.

베고니아꽃차

화려한 빛깔로 생활에 활력을 주는 꽃

관공서 계단과 아파트 화단에서 흔히 발견하는 베고니아.
꽃잎으로 색이 고운 차와 달콤한 효소를 만들어 내면
친구들은 마냥 신기해하며 기뻐한다.
무료한 일상에 작은 웃음을 주는 꽃이다.

베고니아꽃

베고니아꽃 차

- 꽃을 받침까지 채취하여 깨끗이 손질한다.
- 반그늘에 한지를 깔고 7일 정도 말린다.
- 밀폐 용기에 넣어 냉장 보관한다.

베고니아꽃 술

- 꽃을 약간의 잎과 함께 채취하여 손질한다.
  (꽃의 색은 붉은 것이 좋다)
- 동량의 흑설탕과 버무려 보름~한 달 정도 숙성시킨 후, 꽃을 걸러낸다.
- 냉장고에 보관한다.
  (실온에 보관할 때에는, 황설탕을 조금 더 첨가하는 것이 좋다)
- 소주 1 병에 소주 잔으로 1~3잔 정도의 분량을 넣어 섞어 마신다.
- 같은 꽃으로 만든 얼음 꽃을 띄우면, 풋풋한 꽃향기도 함께 즐길 수 있어 좋다.

베고니아꽃 이용법

베고니아꽃은 색이 화려하고 고와 얼음꽃을 만들기에 적합하며, 샐러드나 비빔밥에 첨가하기도 한다. 또한 붉은 색의 베고니아꽃은 새콤한 맛이 있어 술을 빚어 이용하면 깔끔한 와인의 맛을 느낄 수 있다.

49 여름의 생명력을 머금은 꽃

베고니아 Begonia spp. **개화 시기** : 5~9월 **맛과 성질** : 맛은 시며 성질은 평하다.

효능 및 성분 秋海棠(추해당)이라고 한다. 소염, 건위, 화상, 창종, 유종, 해독에 쓰인다. 베고니아는 몸이 나른할 때 효과가 있고, 상처난 부위나 염증 치료에도 탁월한 효과가 있다. 꽃은 적색, 분홍색, 백색 등으로 다양하며, 홑꽃과 겹꽃 모두 있어 화단용으로도 많이 이용되고 있다.

산초나무꽃차

우리네 주방에 구비되어 있는 양념과 같이 천연의 맛을 가지고 있는 꽃

봄과 여름, 모악산을 오르다가
오솔길 옆 사이로 아까시나무 잎처럼 생긴 작은 나뭇가지의 잎을 떼어 잘근 씹어보면,
입 안에 맴도는 매운 맛이 향긋하다.
특유의 향과 더불어 자연의 맛을 전하는 고마운 꽃.
산행 내내 풍기는 알싸한 향이 든든함을 준다.

산초나무 꽃

산초나무 잎 발효액

- 봄에 어린 잎을 채취하여 손질한다.
- 동량의 흑설탕에 재어 3개월 정도 지난 뒤 걸러낸다.
- 걸러낸 즙액을 다시 1년 이상 숙성시킨다.

주의점

산초나무 열매에는 경련을 일으키거나 마비를 유발하는 약간의 독을 내포하고 있으므로, 위출혈 환자나 임산부가 이용할 때에는 주의하여야 한다.

산초나무 이용법

여름 잎과 가을의 열매(덜 여문 것)는 장아찌를 담그며, 봄의 어린 잎은 샐러드로 이용한다.

1. 잎 장아찌

- 여름 잎을 따서 살짝 비벼서, 한지를 깔고 말린다.
- 간장 1.5 큰술, 액젓 1.5 큰술, 물엿 1 큰술을 넣어 3개월 이상 숙성시킨다.

2. 열매 장아찌

- 가을에 얻을 수 있는 덜 여문 열매를 채취한다.
- 열매를 동량의 흑설탕에 재어 15일 정도 뒤에 이용한다.

3. 어린 잎 샐러드

- 봄에 어린 잎을 채취하여 깨끗이 손질한다.
- 여러 산야초 등과 함께 이용한다.

50

여름의 생명력을 머금은 꽃

산초나무 Zanthoxylum Schinifolium **개화 시기** : 5~6월 **맛과 성질** : 맛은 맵고 성질은 따뜻하다.

효능 및 성분 山椒(산초), 崖椒(애초), 花椒(화초), 野椒(야초), 川椒(천초) 등 다양한 이름으로 불린다. 신물을 토하고 식욕이 감퇴되는 위산과다증, 위축성 위염, 위하수, 위 절제 수술 후 때때로 구토를 할 때, 설사가 오랫동안 멈추지 않는 만성 장염, 질 입구가 가렵고 소변이 자주 마려운 트리코모나스 질염, 치아 신경통에 쓰인다. 산초는 중초를 따뜻하게 하며 한(寒)을 물리치고 살충, 진통의 효능이 있어 일반적으로 흉복 한통, 회충을 없애는 데 쓴다. 식욕을 돋구며 위액 분비를 촉진한다. 열매나 잎에는 방부 효과가 있으므로 청국장에 넣어 두면 장이 오래 간다.

옥잠화꽃차

백합과 같은
우아함과 매력적인 향기를 가진 꽃

마당에 심어 놓은 옥잠화가 무성한 잎을 드리웠다.
순백의 꽃과 초록빛 잎이 선명하게 대비되어
마치 인공(人工)의 그것과 같다.
맛과 향이 좋아 오래 전부터 식용으로 쓰였던,
외향과 내실에 흠이 없는 꽃

옥잠화꽃

옥잠화꽃 차

- 꽃을 따서 수술을 떼어내고 숭덩숭덩 썬다.
- 뜨겁게 달구어진 솥뚜껑 위에 쟁반을 얹고, 그 위에 손질한 꽃잎을 널어 말린다.(뜨거운 방바닥 위에서 건조시킨 효과)
- 썰어 놓은 꽃을 한지 위에 올려 놓고 말린다.
(날씨가 습하지 않을 때에는 바람이 있는 그늘에서 7~10일간 건조시킨다)

51

여름의 생명력을 머금은 꽃

옥잠화꽃 이용법

옥잠화꽃은 향이 그윽하고, 아삭거림이 좋아 샐러드나 비빔밥에 넣어 이용하면 좋다. 하지만 반드시 수술을 제거하고 이용하도록 한다.

옥잠화잎 쌈

봄에는 잎을 채취하여 쌈으로 이용한다. 잎의 색이 짙어지고 맛이 강해질 무렵에는, 살짝 삶아 찬물에 우려내어 쓴맛을 제거한 후에 이용한다.

옥잠화 오리수육

옥잠화의 꽃과 잎은 특히 오리 수육과 함께 먹으면 어울리는데, 옥잠화 특유의 아삭거림이 오리의 쫄깃한 질감을 살린다.

옥잠화 **Hosta plantaginea** **개화 시기** : 8~9월 **맛과 성질** : 맛은 달면서 맵고 성질은 차다.

효능 및 성분 玉簪花(옥잠화)라고 한다. 꽃은 성질이 서늘하여 인후염에 쓰고, 열이 있으면서 소변을 잘 못보는 증상에 쓴다. 창독과 화상에는 짓찧어 붙인다. 잎은 종기와 창진, 뱀에 물린데에 짓찧어 붙이며, 뿌리는 소종, 해독, 지혈의 효능이 있어 나력, 인종, 목 안에 가시가 걸린 것을 치료하고 림프절염과 인후염에 활용된다.

원추리꽃차

입에 넣으면 달큼한 아삭거림을 주는 꽃

여름철 장마에 간간히 비추는 햇빛 사이로 보이는
고운 주홍빛이 기분을 맑게 한다.
양지바른 언덕에 뻗은 난초와 같이 곧은 꽃잎.
형형색색의 빛으로 보는 이의 눈길을 잡아
자신의 외로움을 달래는 꽃

원추리꽃

원추리꽃 차

- 꽃을 채취하여 꽃잎만 떼어내고 깨끗하게 손질한다.
- 뜨거운 솥뚜껑 위에 쟁반을 얹고, 그 위에 손질한 꽃잎을 널어 말린다.
- 썰어 놓은 꽃을 한지 위에 올려 놓고 말린다.
  (날씨가 습하지 않을 때에는 바람이 있는 그늘에서 7~10일간 건조시킨다)

주의점

원추리의 뿌리에는 약간의 독이 있으니 많은 양의 섭취는 삼가한다.

원추리꽃 이용법

원추리는 아삭하고 색감이 좋아 샐러드, 비빔밥, 김밥의 속재료 등 여러 가지 요리에 두루 사용된다.

1. 원추리 샐러드 · 비빔밥

- 꽃과 잎을 따서 깨끗이 손질한다.
- 샐러드 · 비빔밥에 첨가한다.

2. 원추리 잡채

- 말린 꽃을 물에 살짝 불린 후, 물기를 꼭 짠다.
- 돼지고기를 가늘게 채 썰고 녹말가루와 맛술, 간장에 버무려 20분간 놓아둔다.
- 팬에 콩기름을 두르고, 생강 채와 양파 채를 살짝 볶아 향을 낸다.
- 양념한 돼지고기를 넣어 뭉치지 않도록 졸인다.
- 5cm길이로 썬 부추와 꽃을 넣어 뒤적인다.
- 참기름과 깨를 넣어 마무리한다.

3. 원추리꽃 나물

- 원추리꽃을 밑동 째 채취하여 살짝 데친다.
- 된장, 고추장, 소금장에 무치거나 국을 끓인다.
- 잎을 채취하여 살짝 데친다.
- 데쳐낸 잎을 찬물에 헹궈 물기를 꼭 짠다.
- 찜 된장과 들깨가루, 들기름을 넣고 가볍게 무쳐낸다.

4. 원추리꽃 김치

- **재료** : 배추, 원추리꽃, 고춧가루, 소금, 설탕, 홍고추 채, 마늘 다진 것, 실파, 통깨
- 배춧잎을 소금물에 살짝 절인다.
- 고춧가루, 홍고추 채, 마늘 다진 것, 설탕 등 위의 재료를 넣고 버무린다.
- 꽃잎을 넣는다.
- 깨와 실파를 넣고 다시 살짝 버무린다.

5. 원추리꽃 밥

- 원추리 꽃잎을 한 장씩 떼어 깨끗하게 손질한다.
- 밥물을 조금 적게 잡아 손질한 꽃잎을 넣고 밥을 한다.

6. 원추리꽃 전

- 원추리 꽃과 잎을 떼어 깨끗하게 손질한다.
- 밀가루와 부침가루를 반씩 섞어 소금으로 간을 한다.
- 손질한 원추리를 넣고 중간 불에서 부쳐낸다.

원추리 **Hemerocallis fulva L.** **개화 시기** : 6~8월 **맛과 성질** : 맛은 달고 성질은 차다.

효능 및 성분 훤초(萱草), 망우초(忘憂草), 금침채(金針菜), 의남초(宜男草), 황화채(黃花菜) 등으로 불린다. 혈뇨, 비출혈, 황달성 간염, 비뇨기 계통의 염증 치료, 소변의 배설이 시원치 못하고 요도에 찌르는 듯한 통증이 있는 방광염이나 요도염에 쓰인다. 예부터 어린 싹을 살짝 데쳐서 나물로 무쳐 먹거나, 큼직한 꽃을 차로 우려내어 마시면 '마음이 황홀해져서 근심을 잊게 된다' 고 하였다. 이같이 원추리는 마음을 안정시키고, 스트레스를 없애며, 우울증을 치료하는 약초로 알려져 있다. 원추리의 꽃은 무독하지만, 뿌리와 잎에는 약간의 독이 있으므로 주의한다.

알아두기

여름철의 꽃

여름철에는 꽃잎이 두꺼운 꽃들이 많고 날씨가 습하기 때문에, 차로 이용하기 위해서 꽃을 건조시킬 때에는 곰팡이가 생기지 않도록 특히 유의하여야 한다.

꽃잎 건조 방법

1. 채취한 꽃을 농도 1% 정도의 소금물에 살짝 씻어낸다.(소독의 의미)
2. 찜통에 살짝 찐다.(김만 쐬는 정도)
3. 바람이 잘 통하는 곳에서 말린다.(이 때, 선풍기를 사용해도 무방하다)

꽃잎을 단기간에 깨끗이 건조시키는 또 다른 방법은,

1. 채취한 꽃을 깨끗하게 손질한다.
2. 뜨겁게 달구어진 솥뚜껑 위에 쟁반을 놓고 한지를 깔아, 그 위에 손질한 꽃잎을 얹어 건조시킨다.(따뜻한 방바닥이나 전기장판 위에서 건조시킨 효과)

접시꽃차

부인의 순박한 웃음처럼
편안함을 주는 꽃

여름비가 갠 질척한 땅 위로 잠자리 날개 같은 꽃이 피었다.
가만히 들여다보니 실크와 같이 빛난다.
도심을 벗어나면 쉽게 볼 수 있는, 수수한 자태로 꼿꼿이 서 있는 꽃이다.
부인회 모임이 있던 날, 튀김으로 접시에 담아내니,
'이건 무엇인가요?' 신기해하는 사람들.
쌉쌀하지만 몸에 좋은 예쁘장한 꽃.

접시꽃

접시꽃 차

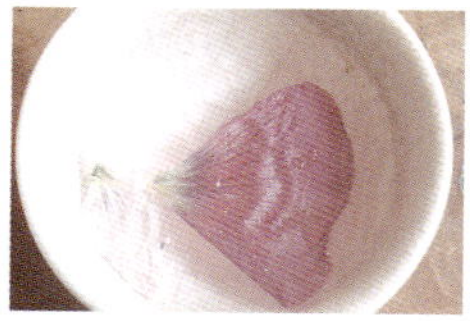

- 꽃을 한 장씩 떼어내어 깨끗하게 손질한다.
- 그늘에 한지를 깔고, 6~7일간 건조시킨다.
- 밀폐 용기에 넣어 냉장 보관한다.

주의점

접시꽃은 독이 없어 예부터 민간의 약재로 이용되었으나, 성질이 차기 때문에 임신 중이나, 비위가 약한 사람에게는 해가 될 수 있으니 삼가는 것이 좋다.

접시꽃 발효액

- 꽃을 봉오리 째 손질한다.
- 그늘에서 7~10일간 말린다.
- 꽃과 동량의 흑설탕을 넣고, 15일간 발효시킨다.

접시꽃 튀김

- 꽃을 봉오리 째 채취하여 손질한다.
- 손질한 봉오리에 튀김옷을 입힌다.
- 처음에는 고온으로 시작하여 점차 낮은 온도에서 튀겨낸다.

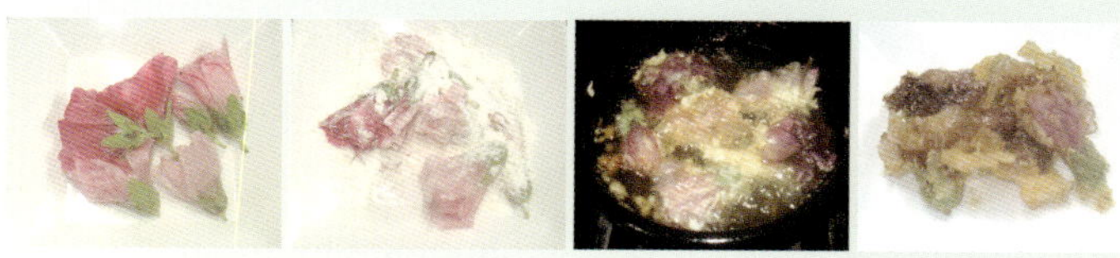

꽃 튀김요리

꽃, 산야초 튀김은 낮은 온도에서 튀겨내야 모양과 빛깔이 살아난다.

접시꽃 Althaea resea Cav　**개화 시기** : 6~8월　**맛과 성질** : 맛은 달고 성질은 차다.

효능 및 성분 蜀葵花(촉규화)라고 한다. 접시꽃은 꽃, 잎, 뿌리를 모두 약으로 쓴다. 열을 내리고, 장과 위를 이롭게 하며, 심기 부족을 다스린다. 줄기를 말려서 낸 가루는 피가 섞인 소변을 볼 때 좋고, 씨에서 낸 가루를 달인 물은 방광에 생긴 결석을 없애는 작용을 하며, 대소변을 잘 보지 못할 때 약으로 쓰면 좋다. 접시꽃 싹을 짓찧어 불에 덴 상처에 붙이면 효과가 좋으며, 씨앗은 임질과 낙태하게 하는 데 효과가 있다. 또한 모든 옹, 종기, 창을 치료한다. 뿌리는 자궁염으로 고름 섞인 피가 나오는 것과 자궁 속의 좋지 않은 것을 없애는 데 효험이 크지만, 몸이 찬 여성들에게는 좋지 않다.

청미래덩굴꽃차

냇가에 폴짝이며 뛰는 개구리같이 싱그러운 생명을 느끼게 하는 꽃

짙푸른 잎에 감싸인 작고 연노란 꽃잎이
앙증맞다.
길게 길게 늘어진 푸른 생명줄이
뜨거운 햇빛 아래서
빛나고 있다.

청미래덩굴꽃

청미래덩굴열매 발효액

- 열매를 모아 잘 씻어 물기를 제거한다.
- 꿀이나 흑설탕과 함께 항아리에 넣는다.
- 열매가 발효액에 뿌리, 줄기, 잎을 손질하여 함께 넣어 발효시키면, 청미래덩굴 전체를 발효시키는 효과를 볼 수 있다.
- 10개월 정도 발효시킨 후, 잘 걸러내어 용기에 담아낸다.
- 가급적 희석하여, 공복에 1컵씩 하루 3~4차례 마신다.

감기 증세로 머리가 무겁고 두통이 있을 때, 청미래 발효액과 잎을 따뜻한 물에 타서 마시면 머리가 맑아지는 것을 느낄 수 있다.

청미래덩굴 간장

- **재료** : 메주 10kg, 청미래 전초(全草) 2~3kg
- 메주를 물에 깨끗이 씻은 후, 물기를 빼고 햇볕에 바싹 말린다.
- 물에 소금을 풀어 하루 정도 이물질을 가라앉힌 후, 고운 채에 걸러 둔다.
- 항아리는 끓는 물을 부어 깨끗이 소독하여 씻어낸다.
- 항아리에 메주를 차곡차곡 쌓은 후, 준비한 소금물을 붓는다.
- 물 위로 메주가 떠오르면 메주의 겉면에 소금을 뿌린 후, 청미래덩굴, 숯, 고추, 대추를 띄우고, 뚜껑을 꼭 닫아 3일간 두었다가 열어 햇볕을 쪼인다.
- 한 달에서 두 달 정도 숙성시킨다.
- 메주와 즙액을 분리한다.
- 메주와 분리한 간장을 10분 정도 거품을 걷어내며 달인다.
- 달인 간장을 완전히 식혀 항아리에 붓고 뚜껑을 덮는다.
- 항아리 입구를 이물질이 들어가지 않게 봉한 후, 햇볕을 쪼이면서 한 달에서 두 달 정도 숙성시킨다.

간장을 만들 때

청미래덩굴 전초를 너무 많이 넣으면 간장의 맛이 떫어지니, 유의한다.

청미래덩굴 Smilax china L. **개화 시기** : 5~8월 **맛과 성질** : 맛은 달고 시며 성질은 평하다.

효능 및 성분 토복령(土茯苓)이라고 한다. 흔히 '명자나무' 라고 불리는데, 수은, 중금속 등의 독성을 중화시키는 최고의 해독제이다. 청미래덩굴에는 파릴린, 스말라신, 사포닌 등의 성분이 들어 있는데 간염, 간경화, 지방간, 장염, 이질, 임파선염, 수종, 이뇨, 거풍, 관절통, 대하증, 풍 등을 제거하고 습한 기운을 없애 주며, 근육이 굳어져 감각이 없어지는 증세에도 효과적이다.

한련화꽃차

식탁 위에 놓아두면 요정과 같이 빛나는 꽃

텃밭에 심어 놓은 가냘픈 줄기들이 기댈 몸을 찾아 분주히 움직인다.
의지할 곳 없는 다홍빛 꽃잎은
연약함을 감추려는지 머리를 꼿꼿이 든다.
요리 위에 얹으면 화려한 드레스를 입은 요정과 같이 식탁을 수 놓는 꽃.
기품을 잃지 않는 꽃이다.

한련화 꽃

한련화꽃 차

- 꽃을 송이 째 손질한다.
- 그늘에 한지를 깔고, 5~7일간 건조시킨다.
- 밀폐 용기에 넣어 냉장 보관한다.
- 녹차 또는 다른 꽃차에 섞어서 이용해도 좋다.

한련화꽃 발효액

한련화꽃 이용법

꽃과 잎은 쌈이나 샐러드에 이용하는데, 특히 한련화의 잎은 오리수육을 넣어 쌈으로 이용하면 좋다.

- 잎과 꽃을 채취하여 깨끗하게 손질한다.
- 손질해 놓은 잎과 꽃을 동량의 흑설탕에 재어 둔다.
- 한 달 정도 지난 후 걸러내어, 냉장 보관한다.
- 고기나 생선의 소스를 만들 때 물에 희석하여 이용한다.

한련화 Tropaeolum majus **개화 시기** : 5~8월 **맛과 성질** : 맛은 매우며, 성질은 따뜻하다.

효능 및 성분 旱蓮(한련)이라고 한다. 비타민 C, 철분, 미네랄, 정유 성분이 함유되어 있으며, 감기 치료에 효과적이다. 항생 작용이 있는 한련화는 특히 기관지나 비뇨기 계통에서 직접적인 항생 작용을 하며, 한련화의 씨는 괴혈병에 효능을 보인다. 차로 이용하는 경우는 적으며, 기관지염이나 요도염을 치료하는 혼합차의 재료로 이용된다. 한련화는 꽃에서 후추와 같은 매운 냄새가 나며, 모든 부분을 먹을 수 있는데 샐러드, 샌드위치 등에 첨가하면 독특한 맛을 느낄 수 있다.

비비추꽃차

조용히 흐르는 바람의 악기 소리로 내면의 깊은 윤회를 기억하게 하는 꽃

사찰 돌담 옆에서 만난 보랏빛 도는 꽃.
관악기의 벨과 같이 생겨 꼭 악기 소리가 들려올 것만 같다.
트럼펫 소리일까?
바람결에 들려오는 처마 밑의 풍경 소리와 산새 소리가 어울려
멋들어진 협주곡을 듣는 듯하다.

비비추꽃

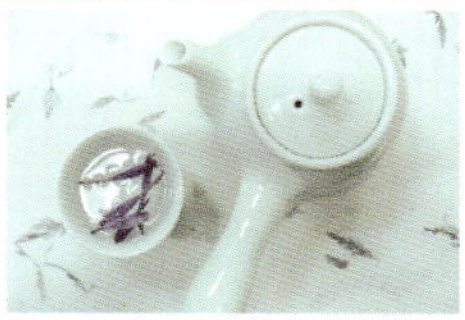

비비추꽃 차

- 꽃잎을 채취하여 수술을 떼어낸다.
- 연한 소금물에 씻어 깨끗하게 손질한다.
- 바람이 있는 반그늘에서 6~7일 정도 건조시킨다.
- 물기가 완전히 제거된 후에 밀폐 용기에 보관한다.

주의점

비비추꽃의 수술에는 독성은 없으나, 꽃가루 등 알레르기를 일으키는 물질이 있을 수 있기 때문에 제거하고 이용하도록 한다.

비비추꽃 샐러드

- 꽃잎을 채취하여 수술을 떼어낸다.
- 흐르는 물에 씻고 채에 받쳐 물기를 제거한다.
- 큰 접시에 양상추, 오이 등 신선한 야채를 먹기 좋은 크기로 썰어 넣고, 비비추꽃을 넣어 함께 이용한다.

비비추 Hosta longipes Matsumura **개화 시기** : 7~8월 **맛과 성질** : 맛은 달고 쓰며 성질은 평하다.

효능 및 성분 장병백합(長柄百合), 장병옥잠(長柄玉簪)이라고 한다. 어린 순은 식용하고, 꽃과 전초는 관상용으로 이용하며, 전초와 씨에 사포닌 성분이 함유되어 있어 혈액과 면역력을 보호하는데 좋다. 한방에서는 꽃을 적대하, 백대하, 자궁출혈 등의 부인병과, 부녀허약, 조기(調氣), 화혈, 보허, 유정, 토혈, 기종(氣腫) 등에, 그리고 뿌리는 두통, 이기(利氣), 보허, 활혈, 지통, 치통, 인후종통, 위통, 대하, 혈붕, 옹저, 나력 등에, 잎은 붕루대하(崩漏帶下), 궤양, 지혈 등의 약재로 사용한다.

왕고들배기꽃차

아삭거리는 신선함으로
자연의 이야기를 맛있게 들려주는 꽃.

혹시나 하는 마음에 조심스레 가져와
김치를 담가 본 날.
밥도둑이 따로 없을 정도로 아삭거리던 그 맛을 잊을 수 없어,
이듬해도 그 이듬해도 기다려 본다.
깊은 자연을 맛을 느낄 수 있는 시간을.

왕고들빼기 꽃

왕고들빼기꽃 차

- 꽃을 송이 째 채취하여 깨끗하게 손질한다.
- 손질한 꽃을 연한 소금물에 씻는다.
- 채에 받쳐 물기를 제거한다.
- 6~7일간 바람이 있는 반그늘에서 건조시킨다.

왕고들빼기 생즙

- 왕고들빼기의 잎 · 줄기 · 뿌리를 1회에 4g 정도 즙을 내어 마신다.

1. 왕고들빼기 나물

- 왕고들빼기 잎과 줄기를 채취하여 손질한다.
- 손질한 왕고들빼기를 끓는 물에 데친다.
- 찬물에 여러 번 헹군 뒤, 물기를 꼭 짠다.
- 고추장, 고춧가루, 다진 마늘, 참깨, 참기름을 넣고 살짝 무친다.

2. 왕고들빼기 김치

- 가을에 잎과 줄기를 채취하여 깨끗이 손질한다.
- 굵은 소금에 절여 일주일 정도 놓아 둔다.
- 고춧가루를 풀어 개어 놓고, 액젓과 찹쌀풀물, 설탕, 약간의 통참깨, 실파 등을 넣어 버무린다.
- 항아리에 넣고 3개월 이상 발효시킨다.

김치를 담글 때

왕고들빼기의 잎과 줄기를 절인 후에는 무거운 돌이나 나뭇가지를 위에 두어 눌러주는 것이 좋다.

왕고들빼기 Lactuca indica var. laciniata　**개화 시기** : 5월　**맛과 성질** : 맛은 쓰고 성질은 차다.

효능 및 성분 고개채(苦芥菜), 백룡두(白龍頭), 고마채(苦馬菜) 등으로 불린다. 한방에서는 식물체 전체를 '산와거' 라고 하여 약재로도 사용하는데, 설사를 멎게 하고 부기를 가라앉히는 효능이 있다. 또한 뱀에 물린 상처나 요로결석을 치료하며, 약효로는 해열, 해독, 건위, 조혈, 소종 등의 효능이 있으며, 허파의 열기를 식혀 준다. 왕고들빼기를 흔히 '쓴바귀' 라고도 하는데, 괴사한 살을 배출시키고 새살을 나오게 하는데도 쓰인다. 타박상이나 골절, 종기에는 생(生)풀을 짓찧어 환부에 붙이면 효과가 있다.

쑥꽃차

우리 생활과 가장 가까운 거리를 유지하는 꽃

겨우내 땅 속의 차가운 기운을 이겨내고
봄이면 어김없이 싹을 틔우는 힘.
몸과 마음에 피로가 쌓일 때,
따뜻한 물에 목욕제를 풀어 몸을 담그면
순수한 자연의 기(氣)가 돋는 듯하다.

쑥꽃

주의점

단오절이 지나기 전에는 쑥의 독성이 가장 약한 시기이므로 이때에 꽃을 채취하여 이용하는 것이 가장 좋다.

쑥꽃 차

- 5월 단오절에 꽃을 채취하여 손질한다.
- 그늘에 잘 말린다.
  (두꺼운 팬에 덖어 이용하면 더욱 맛이 부드럽다)
- 밀폐 용기에 넣어 보관한다.

쑥 발효액

- 양기가 가장 잘 오르는 단오쯤에 어린 싹을 채취한다.
- 흙을 털어내고 살짝 씻어 물기를 뺀다.
- 유리병이나 항아리에 동량의 흑설탕과 함께 넣어 밀봉한다.
- 즙액이 충분히 차오르지 않으면 감초, 생강, 대추 달인 물을 조금 넣거나, 용기 아래에 있는 건더기 일부를 짜서 걸러낸 후에 다시 섞어준다.

쑥 목욕제

가을 쑥을 채취하여 말린 뒤, 말려 놓은 쑥은 삶아 목욕제로 이용한다.

쑥 밥

- **재료** : 불린 쌀(멥쌀), 애쑥, 밤 채, 굵은 소금, 양념장
- 불린 쌀에 애쑥을 살짝 으깨어 넣는다.
- 밤 채와 약간의 소금을 넣고 고실하게 밥을 짓는다.
- 양념 간장에 비벼서 먹는다.

쑥 **Artemisia princeps var. orientalis** **개화 시기** : 7~9월 **맛과 성질** : 맛은 쓰며 성질은 따뜻하다.

효능 및 성분 艾(애), 蓬(봉), 蒿(호)라고 한다. 복통, 면역력 증강, 여름에 생긴 설사, 벌레 물린데, 코피, 타박상, 여성의 보혈 및 활혈 작용 촉진, 식욕증진, 비위가 허한해서 오는 한성, 이질, 월경부조, 태동불안, 불임증에 쓰인다. 쑥은 식용과 약용의 대표적인 식물로 한방, 민방에 의하면 쑥 전체는 산후 하혈, 출혈, 회충, 곽란, 하리, 개선, 안태, 과식, 누혈, 복통 등에 쓰였다고 한다. 쑥은 비타민과 미네랄 그 밖에 많은 영양분이 풍부하게 들어 있다. 그 가운데 무기질, 비타민 A, 비타민 C가 특히 많다. 쑥의 향기는 살균 · 살충력이 강한데, 독특한 쑥향은 치네올이란 정유 성분 때문이며, 이외에 콜린, 유칼리, 프톨아데닌, 아르테미산, 모노기닌 등이 함유되어 다양한 효과를 보인다.

엉겅퀴꽃차

꽃잎의 모양만큼이나 날카롭게
자신을 방어하는 꽃

하늘 빛을 향해 목을 쭉 뺀 줄기 위로 보랏빛 꽃잎이 나풀거린다.
작은 곤충들이 향에 이끌려 다가오면,
끈끈이 액과 가시로 사뭇 날카롭게 방어하는 꽃.
그 차가움이 모르는 사이 슬프게 느껴진다.

엉겅퀴꽃

엉겅퀴꽃 차

- 만개한 꽃보다 봉오리를 채취하여 깨끗하게 손질한다.
- 흐르는 물에 씻어 채에 밭쳐 물기를 제거한 뒤, 찜솥에 쪄서 말린다.
- 뜨겁게 달궈진 솥뚜껑 위에 쟁반을 얹고, 그 위에 널어 다시 말린다.
- 말린 봉오리를 팬에 넣고 약한 불에서 타지 않도록 덖는다.

주의점

엉겅퀴꽃은 가시, 털과 점액질 등으로 이루어져 있기 때문에 이용할 때에는 다른 꽃보다 더욱 깨끗한 손질을 하여야 한다.

엉겅퀴꽃 발효액

- 5~6월경에 꽃과 잎, 줄기를 채취한다.
- 깨끗이 손질한 뒤, 씻어서 적당한 크기로 썬다.
- 동량의 흑설탕에 재어 놓고, 윗부분에 흑설탕을 넣어 마무리한다.
- 7일 후에 뒤집어 준 뒤, 3개월 후에 걸러낸다.
- 9~10월경에 뿌리를 채취한다.
- 깨끗하게 손질한 뒤, 한나절 가량 물기를 뺀다.
- 흑설탕에 버무릴 때, 꽃과 잎으로 담가 놓은 효소액을 조금 섞는다.
- 7일 후에 뒤집어 주는데, 나머지 효소액을 섞어 다시 발효시킨다.

엉겅퀴뿌리 장아찌

- 9~10월경에 뿌리를 채취하여 흙을 털어내고 깨끗이 씻는다.
- 한나절 가량 물기를 제거한 후, 외간장, 물엿, 생강 저민 것을 넣는다.
- 나무젓가락이나 대나무를 질러 놓고 돌이나 무거운 것을 올려 눌러 준다.
- 3~6개월 가량 발효시킨다.
- 발효 숙성된 엉겅퀴 뿌리를 먹기 좋게 어슷 썰기를 해 어린 싹, 소금, 통깨와 실파를 넣고, 엉겅퀴 뿌리 발효액을 넣어 무친다.

엉겅퀴 Cirsium japonicum var. **개화 시기** : 6~8월 **맛과 성질 :** 맛은 달고 쓰며 성질은 차다.

효능 및 성분 野紅花(야홍화), 대계라고 한다. 비뇨기 계통의 출혈, 토혈, 객혈, 출혈양이 많고 선홍색이며 갈증이 나는 위십이지장궤양 출혈, 귀에서 이상한 소리가 들리고 얼굴이 붉고 머리가 혼미한 고혈압, 소변이 붉고 조금씩 나오며 통증이 있는 방광염과 요도염, 황적색 소변을 어렵게 보고 열이 있는 황달성 간염, 각종 창양에 쓰인다.

연꽃차

하늘 정기 욕심껏 머금어
푸짐하게 한 보따리 풀어 놓는 꽃

고요하다.
이른 아침 꽃잎 가득 맺혀 있던 이슬 방울은 어느 사이 또르르 떨어져 내렸다.
비 오면 하늘로 고개를 높이 올리고, 잎마다 하늘의 정기 받으려 활짝 피는
욕심 많은 꽃을 본다.
그럼에도 제 몸의 모든 걸 주겠노라며 온 몸의 구멍으로 맑은 향, 맑은 기운을 내뿜는 꽃.
은은한 꽃 내음에 영혼이 맑게 개인다.

연꽃

연꽃 차 1

- 연잎과 줄기, 뿌리, 꽃을 채취하여 깨끗하게 손질한다.
- 손질한 연을 잘게 썰어 그늘에 한지를 깔고 7~10 정도 말린다.
- 주전자 물이 끓기 시작하면 한줌 정도의 양을 넣는다.
- 차게 식혀 냉장 보관한다.
- 음료로 이용하며 수시로 마신다.

연꽃 차 2

- 꽃을 송이 째 채취하여 깨끗하게 손질한다.
- 물 2L에 꽃 1 송이를 넣고 하루 정도 냉장 보관한다.
  (자주 흔들어 연꽃향이 충분히 스며들게 한다)
- 연꽃향이 스며들면, 4~5명 정도 둘러 앉아 마신다.

연꽃 수술 차

- 꽃을 채취하여 꽃잎은 제거하고, 수술만 떼어낸다.
- 그늘에 한지를 깔고 하루 정도 건조시킨다.
- 뜨거운 물을 부어 마신다.

연꽃 발효액

- 꽃을 썰어 흑설탕에 재어 두고, 2~3일에 한 번씩 뒤집어 준다.
  (3~4회 반복)
- 밀폐 용기에 넣고, 1년 이상 숙성시킨다.
- 찻잔에 발효액 1~2 티스푼을 넣어, 뜨거운 물이나 냉수를 부어 마신다.

1. 연근 절임

- 껍질을 벗긴 연근을 소금물에 담가 놓는다.
- 2㎜ 간격으로 칼집을 낸다.
- 오이, 당근을 채 썰어 소금에 절인 후 꼭 짠다.
- 칼집 낸 연근 속에 오이, 당근을 색 맞춰 넣는다.
- **촛물***을 만들어 부어낸다.

*__촛물__ : 물 2C(2컵), 식초 1T, 설탕 2T, 소금 2t을 섞어 만든다.

연근을 절일 때

연근을 절일 때 맨 드라미 꽃물을 넣으면 예쁜 분홍색을 띤다.

2. 연근 갈비찜

- **재료 :** 돼지갈비(토막낸 것) 3근, 백연근(어슷썰기한 것), 연잎, 밤, 은행, 대추, 양파, 피망, 대파, 통마늘
- **양념장** : 사과 1/2개, 키위 1개, 연잎, 마늘, 양파 2개, 물엿, 연잎 발효액, 후추, 외간장

- 갈비를 찬물에 담가 핏물을 빼고, 여러 번 헹구어 소쿠리에 받쳐 물기를 뺀다.
- 갈아 놓은 양념장에 손질한 갈비를 넣고 냉장고에서 하루 정도 숙성시킨다.
- 냄비에 숙성된 갈비를 넣고, 갈비가 잠기도록 물을 넣어 끓인다.
- 물이 끓기 시작하면 중간 불에서 반쯤 졸인 후, 연근과 밤을 넣는다.
- 은행, 대추, 양파를 넣는다.
- 불을 끄고 대파를 넣은 후, 마지막에 발효액을 넣어 뒤적여 놓는다.
- 연잎은 8등분하여 뒤집어 쪄낸다.
  (푸른색이 변하지 않도록 주의한다)
- 접시에 연잎을 깔고 갈비찜을 보기 좋게 담는다.

3. 연잎 영양밥 ①

- **재료** : 연잎 1장, 고명(잣 3~4알, 은행 1알, 대추, 밤, 연자 3~4개, 호두)
- **연밥** : 찹쌀 1kg, 굵은 천일염 0.7g, 고명(흑미 50g, 수수 25g, 차조 25g, 팥 25g을 삶아서 쓴다)

- 밥을 지어 고명을 넣고 주먹 크기로 나눈다.
- 연잎에 싸서 이쑤시개로 고정한다.
- 압력솥에 넣어 30분간 찌고, 10분 정도 뜸을 들인다.
(찜 솥의 경우에는 1시간 정도 찌고 뜸을 들인다.)
- 냉동 보관하며, 먹기 전에 10~15분간 해동 후 찜 솥에 30분 정도 쪄 낸다.

연잎 영양밥 ②

- 멥쌀을 불린다.
- 뚝배기에 불린 쌀을 넣는다.
- 연잎을 갈아 고운 채에 걸러 밥물을 잡는다.
- 밥이 끓기 시작하면 채 썬 밤, 다진 연근 등을 넣고 뜸을 들인다.

4. 연잎 돼지삼겹 수육

- 연잎을 3등분해서 삶는다.
- 적당한 크기로 고기를 썰어 연잎에 싼다.
- 연잎을 이쑤시개나 무명실로 고정시킨다.
- 물에 굵은 소금을 약간 넣어 끓인다.
- 끓는 물에 연잎에 싼 고기를 넣고 충분히 익힌다.
- 고기가 익으면 꺼내어 실과 이쑤시개를 제거한다.
- 잎을 싼 채로 먹기 좋게 썬다.

5. 연잎 쌈

- 연한 연잎의 가운데 심을 잘라 내어 나눈다.
- 찜 솥에 뒤집어 놓고 살짝 찐다.
- 채반이나 접시에 담아 낸다.

6. 연잎 전

- 쌈을 할 때 잘라놓은 가운데 부분을 물과 함께 갈아 반죽한다.
- 팬을 달구어 얇게 펴 부친다.
  (꽃잎을 올려 부쳐도 좋다)

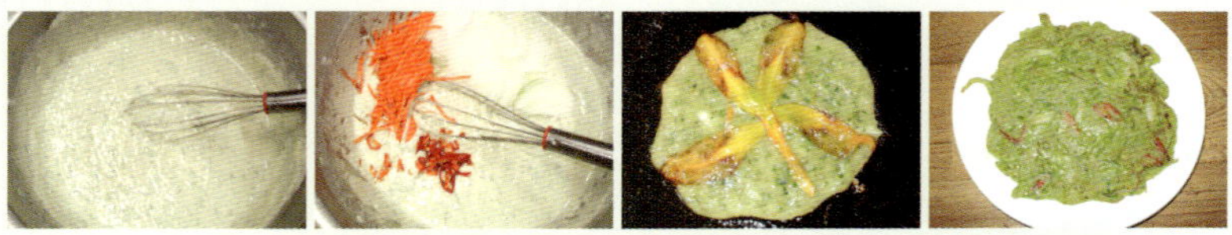

7. 연잎 밀쌈

- 믹서에 잘게 썬 연잎을 넣고 갈아 고운 채로 즙을 내린다.
- 밀가루에 소금을 약간 넣어 간을 한 후 연잎 즙을 넣고, 반죽한다.
- 수저로 반죽을 얇게 펴, 약한 불에서 익힌다.
- 고명으로 인삼, 당근, 무장아찌를 가늘게 썰어 가운데에 넣고 말아서 **겨자즙***과 함께 낸다.

***겨자즙** : 겨자 가루를 미지근한 물에 개어, 따뜻한 곳에 3시간 정도 두었다가 간장1/2 , 설탕1, 식초 1 스푼을 넣어 만든다.

8. 연잎 수제비

- 연잎을 물과 함께 믹서에 간다.
- 밀가루에 연잎 간 물을 넣어 반죽한다.
- 멸치, 다슬기 또는 복어를 넣어 야채와 함께 육수를 만든다.
- 끓는 육수에 반죽을 먹기 좋은 크기로 떼어내어 함께 끓인다.

9. 연잎 막걸리

- 잎, 뿌리, 꽃, 씨앗을 잘게 썰어 유리병이나 항아리에 담는다.
- 30℃ 이상의 소주를 부어(내용물의 7배 가량) 3개월 동안 발효 숙성시킨다.

10. 연잎 김치

- **재료** : 절인 통배추, 연근(어슷썰기한 것), 무채 · 미나리 · 갓 약간
- **양념** : 고춧가루, 청각, 마늘, 생강, 새우젓을 갈아 놓는다.
  찹쌀풀은 연잎 삶은 물을 넣고 끓인다.

- 양념에 무채 · 미나리 · 갓을 섞어 속을 만든다.
- 절인 배추에 속을 넣을 때, 어슷썰기한 연근을 사이사이에 넣는다.
- 연잎에 속을 채운 배추를 한 포기씩 싸서 독에 넣는다.
- 저온에서 6개월 이상 숙성시킨다.

11. 연잎 김치찌개

- 냄비에 돼지고기를 썰어 넣고 김치(연잎 김치)와 함께 볶는다.
- 물을 넣고 끓인다.(이 때, 김치를 싸 놓았던 연잎을 함께 넣고 끓인다)
- 마무리 단계에서 고춧가루를 약간 넣는다.

연 Nelumbo nucifera Gaertner **개화 시기** : 7~8월 **맛과 성질** : 맛은 씁쌀하며 성질은 평하다.

효능 및 성분 蓮(연)이라고 한다. 월경과다, 부정기적 자궁출혈, 임신 중 출혈, 위출혈, 비출혈, 객혈, 신체허약, 설사, 몽정, 자양강장, 여름철 감기, 여름철 각종 호흡기 전염병, 설사를 계속하는 만성 장염, 두드러기에 쓰인다. 꽃받침을 '연방' 이라 하고, 뿌리를 '연근' 이라 한다. 반드시 태워서 사용하며 생(生)것을 월경 중에 먹으면 안 되므로 주의한다. 연자는 단백질이 많은 영양 식품으로 자양강장, 신체허약, 설사병, 몽정 등의 치료를 위한 약재로 쓴다. 뿐만 아니라 내장을 보호해 주고, 마음을 안정시켜 주며, 정신력을 강하게 만들어 줄 뿐 아니라, 눈과 귀를 맑게 해주는 효능이 있다. 연근은 탄닌, 아스파라긴, 비타민 C 등이 함유되어 있다. 탄닌 성분이 있기 때문에 수렴 작용이 강해 출혈 시간을 단축시킨다. 연방도 연근 못지 않게 지혈효능이 크다. 특히 부인의 월경과다, 부정기적 자궁출혈, 임신 중 출혈로 유산의 징후가 보이는데 쓴다. 연꽃은 혈액순환을 돕고 습기와 풍기를 몰아낸다. 연꽃의 수술은 '연예', '연수' 또는 '불좌수' 라고 하는데, 지혈효과가 뛰어나다. 새벽이면 설사하는 증세, 대하증, 활정, 몽정 및 조루 등에 효과가 있다. 꽃이 피지 않은 봉오리를 6~7월에 채취하여 쓰며, 맛은 쓰고 달며 약성은 따뜻하다.

녹차꽃차

우유빛으로 맑게 피어난 꽃송이가
수줍은 향기를 풍겨 매혹적인 고요함을 주는 꽃

높고 푸른 하늘을 머리에 이고 가을볕의 따가움으로 나른한 오후.
솔밭으로 병풍을 친 속가지를 들춰보니,
참하고 얌전한 여인이 살포시 앉아 있었다.
가지런한 옷매무새, 이따금 바람에 흩날리는
단아한 여인의 향기.

녹차꽃

녹차꽃 차

- 꽃을 한 송이씩 조심스럽게 채취한다.
- 한지를 깔고 채취한 꽃을 널어 놓는다.
- 따뜻한 방이나 바람이 있는 서늘한 그늘에서 7일 정도 말린다.
- 밀폐 용기에 넣어 서늘한 곳에 보관한다.

녹차꽃 발효액

- 잎과 꽃, 가지를 함께 채취한다.(잎은 웃가지를 쓰면 좋다)
- 채취한 꽃을 깨끗이 손질하고 잘게 자른다.
- 꽃을 항아리에 담고 동량의 흑설탕을 넣어 섞어 준다.
- 7일 정도 경과되면 완전히 뒤집어 다시 섞어 준다.(2~3회 반복한다)
- 6개월 가량 발효시킨 후, 걸러 내어 즙액을 다시 6개월 이상 숙성시킨다.(오래 될수록 맛과 향이 좋다)

녹차꽃 술

- 꽃을 채취하여 손질한 후, 용기에 담는다.(용기 크기의 20% 정도)
- 용기의 나머지를 35℃의 소주로 채운다.
- 3개월 이상 발효 숙성시킨 후에 음용한다.

차나무 이용법

녹차꽃을 녹차에 띄워 마시면, 향기가 더욱 진하게 퍼지고 운치 있다.

김장철 항아리에 생(生) 녹차 가지를 여러겹으로 넣어 김치와 함께 숙성시키면, 김치가 무르는 것을 방지하여 사원하고 아삭거리는 김치를 먹을 수 있다.

차나무 Camellia sinensis **개화 시기** : 10월~11월 **맛과 성질** : 달고 쓰고 떫으며 성질은 차다.

효능 및 성분 꽃과 열매가 함께 있다 하여 實花相逢樹(실화상봉수), 母子相逢樹(모자상봉수)라고 한다. 고(苦), 감(甘), 산(酸), 함(鹹), 삽(澁)의 다섯 가지 맛이 난다. 잎을 말려 상용하는 녹차에는 탄닌, 카페인, 아미노산, 비타민, 엽록소, 회분 성분이 풍부하게 함유되어 있어 항암 효과가 있고, 콜레스테롤을 저하하여 동맥경화를 예방한다. 또 해독 작용도 뛰어난데 식중독 예방하고, 니코틴을 해소하며, 중금속을 제거한다. 감기와 충치 예방, 스트레스 완화, 당뇨병 예방과 치료에도 사용되며, 피부 노화 억제 효과가 있는 비타민E가 풍부하여 미용에도 좋다.

호박꽃차

들녘에 노란 황금이 펼쳐진 듯 탐스러운 꽃

구급약이 부족했던 시절,
불에 데인 상처를 감싸주던 고마운 꽃.
청순하고 순박한 모습 그대로
자신의 모든 것을 내어주는
맏언니 같은 꽃.

호박꽃

호박꽃 차

- 꽃을 따서 수술을 떼어내고 곱게 썬다.
- 바람이 있는 서늘한 곳이나, 뜨거운 솥뚜껑 위에 쟁반을 엎고 그 위에 널어 말린다.
- 기름기 없는 팬에 살짝 볶는다.

솥뚜껑 건조법

습기가 많은 여름철에는 물을 끓이는 솥뚜껑 위에 쟁반을 올려 놓고 그 위에 꽃을 말리면, 뜨거운 방바닥 위에서 꽃을 말리는 효과를 얻을 수 있다.

호박꽃 발효액

- 꽃을 송이 째 채취하여 수술을 떼어내고 깨끗하게 손질한다.
- 손질해 놓은 꽃송이를 동량의 흑설탕에 재어 둔다.
- 15일 정도 지난 후 걸러내어 냉장 보관한다.

62

가을의 풍성함을 전하는 꽃

1. 호박꽃 밥

- 꽃을 송이 째 채취하여 수술을 제거한다.
- 흐르는 물에 씻고 채에 받쳐 물기를 뺀다.
- 쌀밥에 당근, 양파, 부추 등 야채를 다져 팬에 함께 볶는다.
- 준비된 꽃송이에 볶음밥을 한 숟가락씩 넣어 찜솥에서 쪄 낸다.

2. 호박꽃 밀쌈

- 꽃잎을 믹서에 넣고 물을 약간 부어 간다.
- 고운 채에 내린다.
- 밀가루에 반죽을 묽게 하여 다시 고운 채에 내린다.
- 약한 불에 얇게 펴서 부쳐낸다.
- 완성된 밀쌈에 당근, 오이, 더덕 등의 야채를 채 썰어 쌈으로 이용한다.

호박꽃 채취시 주의점

꽃은 열매가 달리지 않고 이른 아침에 피어난 것을 이용한다.

3. 호박꽃 경단

- 말린 꽃이나 생꽃을 각각 소량의 물과 소금, 설탕을 넣고 믹서에 갈아 즙을 낸다.
- 찹쌀가루와 섞어 익반죽을 하여 경단을 만든다.
- 물이 끓기 시작하면 익혀낸다.
- 물 위에 떠오른 것을 망으로 건져낸다.
- 발효액에 둥글려 콩고물을 묻힌다.

익반죽

가루에 끓는 물을 쳐 가며 하는 반죽을 말한다.

4. 호박꽃 만두

- 꽃을 살짝 씻어 채반에서 물기를 제거한다.
- 꽃 안쪽에 밀가루를 묻혀 털어낸 뒤, 만두피 대용으로 이용하며 만두소를 넣는다.
- 입구를 무명실 또는 미나리대 삶은 것을 이용하여 고정시켜 묶는다.
- 김이 오른 찜 솥에서 쪄 낸다.

만두에 이용하는 꽃은 개화하기 전의 작은 꽃망울을 쓴다.

5. 호박꽃 전

- 꽃잎을 찬물과 함께 믹서에 간다.
- 부침가루를 섞어 반죽한다.
- 기름에 달궈진 팬에 얇게 부쳐낸다. (홍고추로 장식하면 좋다)

호박 **Cucurbita moschata Duchesne** **개화 시기** : 8~9월 **맛과 성질** : 맛은 달고 성질은 평하다.

효능 및 성분 南瓜(남과)라고 한다. 뿌리는 南瓜根(남과근), 줄기는 南瓜藤(남과등), 덩굴손은 南瓜鬚(남과수), 잎은 南瓜葉(남과엽), 꽃은 南瓜花(남과화), 과실의 꼭지는 남과체, 호박속은 남과양, 종자는 南瓜子(남과자)이다. 주성분은 카로틴인데, 이것이 몸 안에 들어가서 비타민 A를 생성한다. 열을 내리며 이뇨작용을 한다. 따라서 만성위염, 신장염, 소변불리, 더위를 먹은 증상에 적용된다. 호박은 나트륨 함량이 낮고 지방이 없으므로, 다이어트 식품으로 적합하다. 신장병, 부종, 당뇨병 치료에도 이용된다.

알아두기

오색(五色), 오미(五味)의 꽃

같은 꽃이라 하더라도, 고유한 색에 따라 다른 맛과 다른 효능을 가지고 있다.

초록색 : 신 맛이나 고소한 맛이며, 신체의 간장, 담에 해당한다.
예 생(生)야채 샐러드, 식초, 땅콩(견과류), 고등어, 꽁치 등

흰색(백색) : 매운 맛이며, 신체의 폐와 간장에 해당한다.
예 고추, 연 뿌리, 고추냉이, 흰살 생선 등

붉은색(빨간색) : 쓴 맛이며, 신체의 심장, 소장에 해당한다.
예 진달래, 취나물, 쇠고기, 간 등

노란색 : 단 맛이며, 신체의 위장, 비장에 해당한다.
예 꿀, 효소 등

검정색 : 짠 맛이며, 신체의 신장, 방광에 해당한다.
예 흑임자, 흑미, 영양밥 등

이러한 다섯가지 색을 오색(五色)이라고 하며, 이는 기본이 되는 맛 다섯 가지와 신체의 오장 육부에 대입된다. 이렇듯 색은 그 자체로 우리에게 정서적인 영향을 미치기도 하지만, 우리의 신체에도 직접적인 영향을 미친다.

국화꽃차

기억 속 어머니의 모습과 같이 정겨운 꽃

가을 모악산에서 바람에 흔들리며 무리지어 있는 국화를 보면,
지쳐있는 마음이 다시 세워진다.
먼저 가신 어머니의 모습을 그리게 해서 한없이 정겨운 꽃.
어느 때인지 모르지만 우리의 생(生)이 이와 같은 꽃으로 다시 태어난다면,
내 어머니를 닮은 국화 곁에서 자라고 싶다.

국화꽃

국화꽃 차

- 깨끗이 손질된 꽃을 찜솥에 살짝 쪄서 그늘에서 말린다.
- 마른 꽃을 두꺼운 팬에 살짝 덖는다.
- 밀폐 용기에 넣어 보관한다.
- 2~3티스푼을 끓는 물에 부어 1~2분간 우려내어 마신다.
  (연한 은행잎을 섞어 사용 쓰면 맛이 한결 감미롭다.)

국화꽃 발효액

- 신선한 감국을 채취하여 깨끗이 씻은 후, 그늘에서 물기를 뺀다.
- 동량의 흑설탕으로 고루 버무려 항아리에 넣고 밀봉한 후, 그늘진 곳에 보관한다.
- 한 달 후, 즙이 우러나오면 음용할 수 있다.
- 80℃ 정도의 물에 5~100g을 3분 정도 우려내어 마신다.
- 6개월 가량 발효가 되면 즙액을 희석하여 마신다.

주의점

꽃차는 물이 뜨거울수록 예쁘게 피어나며 향과 맛도 좋아진다. 물은 5분 이상 끓인 물이 좋은데, 물을 끓이면 물의 산성이 부드러운 이온수로 변하기 때문이다.

국화 얼음 꽃

- 갓 채취한 꽃잎과 꽃받침을 연한 소금물에 살짝 씻는다.
- 채반에 받쳐 물기를 제거한 뒤, 살짝 쪄서 식힌다.
- 얼음 틀에 생수를 끓여서 식힌 물을 반쯤 채운다.
- 손질한 꽃을 얹는다.
- 나무 집게를 이용하여 꽃을 살짝 누르고, 틀의 90%가량 물을 채운다.
- 하루 정도 냉동시킨다.
- 완성되면, 비닐이나 밀폐 용기에 담아 냉동 보관한다.
- 꽃으로 만든 발효액을 희석하여 마실 때, 함께 이용한다.

▲ 감국

▲ 산국

차로 이용하는 국화는 감국이나 산국이 적당하다.

국화의 색

국화는 그 색에 따라 효능에 차이가 있는데, 흰 국화는 간장의 기능을 개선하고 눈을 맑게 하는 효능이 강하고, 노란 국화는 해열의 작용이 강하며, 야생 국화는 소염작용이 강하다고 하였다.

국화꽃 닭 볶음

- **재료** : 닭(토막낸 것), **간장 양념장***, 밤, 대추, 은행, 피망, 대파, 통마늘, 붉은 고추, 후추, 물녹말, 참깨(볶은 것), 감국(말린 것)

  ***간장 양념장** : 간장, 양파, 물엿을 동일한 비율로 함께 달여 만든다.

- 닭을 끓는 물에 데쳐낸다.
- 데쳐낸 닭을 찬물에 헹궈 채에 받친다.
- 간장 양념장에 반쯤 졸여낸다.
- 손질한 야채를 넣어 계속하여 졸인다.
- 마무리 단계에서 물녹말을 넣고 졸여낸다.
- 말린 감국을 물에 불려 넣고, 깨와 후추를 넣어 살짝 버무린다.

국화꽃 스프

- **재료** : 흰 국화, 멥쌀(갈아놓은 것), 설탕, 굵은 소금
- 손질한 꽃을 찜통에 쪄서 말려 놓는다.
- 믹서기로 곱게 갈아 가루를 낸다.
- 미리 갈아놓은 멥쌀과 물을 넣고 끓인다.
- 마무리 단계에서 믹서기로 간 국화 가루를 넣고 살짝 더 끓인다.(생(生) 꽃잎을 떼어 넣어도 좋다)

국화 Chrysanthemun morifolium Ramat. **개화 시기** : 9~10월 **맛과 성질** : 맛은 달며 성질은 차다.

효능 및 성분 菊花(국화), 菊(국)이라고 한다. 감기에 걸려 머리나 눈에 열이 나고 가슴이 답답할 때, 현기증, 두통, 이명, 안면이 붉게 달아오르는 증상을 동반한 고혈압 및 동맥경화증, 혈액 정화, 변비, 생리불순, 눈에 생기는 각종 염증, 숙취 해소에 쓰인다. 가을철 개화시에 채취해 그늘에 말려 그대로 쓴다. 또는 검게 볶거나 술을 뿌려 건조시켜 사용한다. 꽃과 줄기에는 아데닌 스타키드린 성분이 함유되어 있는데, 중추신경을 마비시키는 작용을 하며, 많은 양을 사용하면 해열 작용이 뛰어나다. 풍열 감기로 열이 높고 땀이 약간 나는 경우에 주로 사용한다. 또, 눈에 생기는 각종 염증에 효과적이며, 관상동맥의 확장과 혈류량의 증가에 작용을 한다.

알아두기

얼음 꽃과 꽃 화채

얼음 꽃

봄, 여름, 가을, 겨울. 계절마다 피는 갖가지 꽃들은 대부분이 식용으로 쓰임이 가능하며 요리하는 방법도 조금씩 다르다. 차로 만들어 마실 수 있는 것, 샐러드나 비빔밥에 이용할 수 있는 것, 삶아 내어 나물과 같이 사용하는 것 등. 그 중 꽃을 얼음 틀에 얼려 제철이 아닐 때에도 생생하게 볼 수 있는 얼음 꽃이 있다. 얼음 꽃을 만들 수 있는 것은 대체로 작고 봄에 피어난 꽃들이 많은데, 대표적으로 복숭아꽃, 진달래꽃, 싸리꽃, 배롱나무꽃, 칡꽃, 차나무꽃, 감국 등을 꼽을 수 있다.

1. 갓 채취한 꽃잎을 연한 설탕물이나 소금물에 살짝 씻는다.
2. 채반에 받쳐 물기를 제거한다.
3. 얼음 틀에 생수나 끓여서 식힌 물을 반쯤 채운 뒤, 손질한 꽃을 얹는다.
4. 나무집게를 이용하여 꽃을 살짝 누르고, 틀의 90%가량을 물로 채운다.
5. 청결한 냉동실에서 하루 정도 냉동시킨다.
6. 얼음 꽃이 완성되면, 비닐이나 밀폐 용기에 담아 재빨리 냉동 보관한다.
7. 와인, 소주, 주스, 냉수 등의 음료에 띄워 내면 은은한 꽃 향을 느낄 수 있다.

꽃 화채

- **재료** : 꽃 발효액, 오미자, 오디(뽕나무 열매), 산수유 열매, 계절 과일, 얼음 꽃

1. 꽃을 발효시킨 효소액에 생수를 넣어 농도를 맞춘다.
2. 오미자, 오디, 산수유 열매를 깨끗이 손질하여 넣는다.
3. 꽃을 넣어 얼린 얼음 꽃과 식용 꽃을 띄우고, 제철에 난 과일을 예쁘게 썰어 띄워 낸다.

수선화꽃차

귀하게 자란 소녀의 토라진 마음처럼
뾰루퉁해 보이는 모습이 웃음을 주는 꽃

어린 시절, 봄이 되면 화단에 제일 먼저 피어나는 노란 꽃이
참 이쁘고 귀하게 느껴졌다.
중년이 되어버린 지금의 나에게
그때의 느낌을 똑같이 전달하고 있는 꽃.
만지면 때 묻을 것 같은 깨끗함이 어린 시절을 돌아보게 한다.

수선화꽃

수선화꽃 차

- 꽃을 꽃받침과 함께 송이 째 채취한다.
- 수술을 떼어내고 연한 소금물에 씻는다.
- 채반에 올려 물기를 제거한다.
- 한지 위에 널어 반그늘에서 7일 정도 건조시킨다.
- 밀폐 용기에 넣어 냉장고에 보관한다.
- 수선화 꽃봉오리 1개를 찻잔에 담고, 끓는 물을 부어 1~2분간 우려내어 마신다.

주의점

꽃에 약간의 독성이 있으므로 많은 양의 섭취를 피한다.

수선화꽃 발효액

- 꽃을 송이 째 채취하여 깨끗이 손질한다.
- 수술을 떼어내고 흑설탕에 겹겹이 재어 발효시킨다.
- 2~3일 후에 꿀을 첨가하여 꽃이 잠기게 한다.
- 15일 후에 채에 받쳐 걸러낸 후, 냉장 보관한다.
- 물에 희석하여 음료로 이용한다.

수선화 Narcissus tazetta var. **개화 시기** : 12~3월 **맛과 성질** : 맛은 쓰고 매우며 성질은 차다.

효능 및 성분 水仙(수선), 水仙花(수선화)라고 한다. 꽃의 주성분은 종유로 거풍, 제열, 활혈, 조경의 효능이 있고, 자궁병과 월경불순을 치료한다. 뿌리는 소종, 배농의 효능이 있으며, 독이나 종기를 제거하고, 살충 작용을 한다. 꽃에서 기름을 짜서 전신에 바르면 풍 기운을 제거하며, 외용시에는 짓찧어 계란이나 밀가루로 반죽하여 환부에 바르면 통증이 완화되는데, 특히 뿌리를 짓이겨 손가락이 아파서 부었을 때 바르면 효과가 탁월하다.

동백나무꽃차

후덕하고 맘씨 좋은 여인과
삶의 고통을 아는 아낙의 모습이 겹쳐지는 꽃

붉은 봉오리 오르는가 싶더니,
찬 서리에 피바다를 이루며 낙화하는 모습이 산고(産苦)를 보는 듯 안타깝다.
잠시 요염한 모습 보이고,
맘씨 좋은 여인처럼 헤픈 웃음 짓다가 떠나버린 꽃.

동백나무꽃

동백나무꽃 차

- 꽃을 채취하여 깨끗이 손질한다.
- 꽃잎을 떼어낸다.
- 그늘에서 7~10일간 잘 말린다.
- 꽃잎 3~4개를 찻잔에 넣고, 끓는 물을 붓는다.
- 1~2분간 우려내어 마신다.

동백나무 활용법

꽃은 샐러드, 김밥, 비빔밥, 잡채 등의 요리에 첨가하여 이용한다.

잎은 채로 썰어서 고명으로 쓴다.

동백나무꽃 발효액

- 꽃을 채취하여 깨끗이 손질한다.
- 꽃잎을 떼어낸다.
- 꽃잎과 동일한 양의 흑설탕에 재어 놓는다.
- 15일 정도 발효시킨 후에 냉장 숙성시킨다.
  (또는 실온에서 1년 이상 숙성시킨다)
- 꽃잎 3~4개를 찻잔에 넣고 90℃의 물을 부어, 1~2분간 우려내어 마신다.

동백나무 Camellia japonica L **개화 시기** : 2~4월 **맛과 성질** : 맛은 달고 쓰고 매우며 성질은 차다.

효능 및 성분 冬栢木(동백목), 山茶花(산다화)라고 한다. 피를 토하거나 장염으로 인한 하혈, 월경과다, 산후출혈, 화상, 타박상, 피멍, 아토피성피부염, 임질 등에 치료제로 쓰이며, 화상에는 꽃을 말려 가루로 낸 다음 참기름이나 동백열매 기름으로 반죽하여 붙이나, 꽃이 없을 때는 동백열매 기름만 써도 좋다. 꽃이 피기 전에 채취하여 불이나 볕에 말려 쓴다. 혈열을 내리고, 피나는 것을 멈추며, 어혈을 없애고, 부은 것을 내린다. 또한 코피, 혈리, 타박상, 데인 상처, 자궁 출혈 등에도 사용한다.

철 따라 피고 지는 우리 꽃을 느끼다

花 꽃으로 빚은 음식

들녘이나 정원에서 만나는 꽃들을 보면서, 오랜 옛날부터 아름다운 것들을 요리에 이용하였던 조상들의 지혜와 멋을 느끼게 된다. 꽃 요리를 즐길 때, 입 안에서 퍼지는 향기와 눈으로 느낄 수 있는 오묘한 색들이 오감(五感)을 자극한다. 꽃과 풀이 요리와 차로 다시 태어나니, 자연이 우리에게 주는 값진 선물이 이와 같이 크다. 반가운 사람을 만나 정다운 인사를 나누는 것과 같이, 일상에서 마주치는 자연에게 '안녕' 하고 인사를 건네면 어떨까.

어린 시절에 먹던 진달래, 배추꽃, 무꽃, 골담초, 아까시꽃, 자운영, 칡꽃 등 비록 함지박은 아니지만, 잘 비벼 꽃과 함께 먹으면 모든 이들의 눈을 사로잡는 특별한 음식이 된다. 특히 몇 년 전부터는 새싹 요리에 대한 관심이 커지면서 우리의 야생초나 야생화들을 함께 넣은 음식을 좋아하는 이들이 늘고 있다.

어떤 이는 이런 음식은 난생 처음이라며 맛보며 행복하다고 되뇌는데, 사실은 그 옛날 어머니와 할머니가 배고파하던 시절의 먹거리이다. 제비꽃은 오랑캐꽃이라 하니, 제비꽃이 필 무렵은 그 옛날 왜군이 식량을 빼앗으러 오던 계절이고, 자운영은 왜군 몰래 씨앗을 따려고 하였던 구황식물이니, 지금은 흔한 들꽃과 같은 꽃들이 예전에는 우리의 배를 채워 주던 든든하고 쓰임새가 많았던 꽃들이다. 이 꽃들을 보면, 할머니가 텃밭에 갈아놓은 어린 배추, 상추, 시금치 등과 함께 고추장, 된장을 넣고 함지박에 비벼 먹던 시절을 떠올리지 않을 수가 없게 된다.

꽃 비빔밥

비빔밥은 명작이다. 선별된 산채나물과 깔끔하고 칼칼한 고추장 소스와 고소한 들깨, 신선한 쇠고기는 서로의 맛을 더해 주어 세계적인 음식으로 각광을 받고 있다.

예나 지금이나 쉽게 먹을 수 있는 비빔밥은 갖가지 나물을 삶고 말려서 볶거나 무치는 것으로 구성된다. 비빔밥의 또 다른 이용법은 텃밭에 새로 난 어린 야채를 뽑아 넣고, 고추장에 참기름이나 들기름을 약간 떨어뜨려 밥과 함께 비벼 먹는 것인데, 이때의 모든 야채는 유기농 새싹이나 어린 쌈채 종류를 이용하였고, 더불어 식용이 가능한 꽃들을 함께 넣어 화려한 장식과 식욕을 돋우는 효과를 더하기도 하였다. 또한 본래 꽃 자체가 가지고 있는 여러 가지 맛이 비빔밥의 맛을 배가시켜 그 풍미를 즐길 수 있는 효과를 보기도 한다.

꽃들을 비빔밥에 넣어 이용할 때, 젓가락으로 나물을 무치듯이 살살 섞어 비벼서 한 입 가득 입에 넣고 씹어 보면 아삭한 씹는 맛의 느낌이 오묘하여 독특한 한 끼 식사를 즐길 수 있게 된다. 이제는 고픈 배를 채우기 위해 어쩔 수 없는 수단으로 꽃을 먹는 것이 아니라, 즐거운 기분으로 식사를 즐기기 위한 선택으로 꽃비빔밥을 이용하는 것이다. 배발통꽃, 진달래꽃, 아까시나무꽃, 민들레꽃, 배추꽃, 골담초꽃, 달맞이꽃, 동백꽃, 백련꽃, 장미꽃, 국화꽃 등 우리의 식탁을 환하게 하고 우리의 몸을 건강하게 지키는 꽃들이 우리 주위에 계절마다 흐드러지게 피어나고 있다. 꽃에는 무기질, 비타민, 칼슘 등이 들어 있어 영양의 보고(寶庫)와 같다.

꽃 비빔밥

- **재료** : 불린 쌀, 식용꽃(배추꽃 · 무우꽃 · 진달래 · 장미 등) 5~7송이 정도, 새싹류(유채 · 배추 · 적무 · 다채 · 설채 · 적양배추 등 다양하게 준비), 쌈채류(상추 · 적양배추 등), 견과류(땅콩가루 · 해바라기씨 · 호박씨 · 잣 · 호두 등), 참기름 약간
- **고추장 소스** : 고추장 5스푼, 사과 식초 1스푼, 발효액 1스푼

1. 멥쌀 2컵을 씻은 후 물에 불린다.
2. 불린 쌀에 다시마 우린 물 2컵을 넣고 고실고실하게 밥을 짓는다.
3. 쌈채류는 굵은 채로 썬 후에 혼합한다.
4. 새싹류는 맑은 생수에 씻어서 준비한다.
5. 식용꽃들의 큰 수술은 떼어내고 연한 소금물에 살짝 행궈서 물기를 제거한다.
6. 비빔밥 그릇에 밥을 넣고 쌈채류 50g와 새싹류 20g을 올린다.
   (새싹을 뜨거운 밥 위에 바로 올리면 비린향과 맛이 나므로 쌈채를 올린 후에 새싹과 꽃을 올린다)
7. 고추장 소스 1큰술과 견과류(혹은 땅콩 맛가루) 1작은술, 참기름 2작은술을 넣는다.
8. 식용꽃 5~10송이 정도를 올려 장식한다.
9. 완성된 비빔밥을 이용할 때는 젓가락으로 재료를 섞어야 채소류 특유의 풋내가 나지 않는다.

꽃김밥

- **재료** : 불린 쌀, 김밥용 김, 김발, 무장아찌, 계란 지단, 새싹(배추싹, 유채싹 등), 식용꽃(진달래, 한련화 등)
- **단촛물** : 식초 1 스푼, 소금 1/2~1 스푼, 설탕 1 스푼 또는 소금, 참기름

만드는 법

1. 불린 쌀은 고실고실하게 밥을 지어 준비한다.
2. 잘 삭힌 장아찌를 마른 수건에 짜서 준비한다.
3. 계란은 소금을 조금 넣어 도톰하게 전을 부쳐 준비하고, 식으면 도톰하고 길게 썰어 준비한다.
4. 새싹은 순한 맛을 골라(배추싹이나 유채싹 같은) 모듬으로 냉수에 씻어 준비한다.
5. 꽃은 수술을 떼어내고 씻어 준비한다.(봄에는 진달래가 보기도 좋고 향긋하며 맛있다)
6. 설탕에 소금, 식초를 넣어 녹여준 뒤에, 살짝 끓으면 지어 놓은 뜨거운 밥에 재빨리 넣어 고루 섞어준다.
7. 김발을 깔고 김밥용 김을 가운데 올려놓은 뒤, 밥을 얇게 펴고 뒤집는다.
8. 검은 김 위에 계란 지단, 새싹, 무장아찌, 식용꽃을 줄을 맞춰놓고 돌돌 말은 뒤 사각으로 모양을 잡는다.
9. 먹기 좋은 크기로 썬 다음, 나머지 꽃으로 장식하여 접시에 담아낸다.

꽃밀쌈

- **재료** : 호박꽃, 호박잎, 맨드라미꽃, 연잎, 쑥잎, 생강나무잎
- **고명** : 표고버섯 채(채 썰어 볶아 양념한다), 당근 · 오이 채(끓는 소금물에 살짝 데쳐 약간만 볶는다), 계란 지단 채

만드는 법

1. 준비한 재료를 잘게 썬다.
2. 소량의 소금물과 재료를 믹서기에 넣고 갈아 채에 받쳐 물을 내린다.
3. 밀가루에 묽게 반죽하여 다시 채에 내린다.
4. 프라이팬에 수저로 7㎝가량의 원이 되게 얇게 펴서 구워낸다.
   (기름을 약간 넣고 약한 불에서 진행하면 기포가 생기지 않고 모양도 예쁘다)
5. 고명을 얹고 모양을 만든다.(주위에서 쉽게 구할 수 있는 재료를 쓴다 예 오이나 당근의 채, 청 · 홍 피망과 무의 채)
6. 땅콩즙이나 겨자즙을 함께 얹어 낸다.

꽃과 새싹 샐러드

- **재료** : 새싹류(유채, 적양배추, 적무순, 브로콜리 등) 30g, 새순류(돌나물싹, 제비꽃싹, 민들레싹 등) 10g, 양상추 2장, 씨앗류(해바라기씨, 호박씨, 호두가루 등) 1 큰스푼, 식용꽃 1 송이(장미꽃이나 배추꽃 등)
- **고명** : 건청국장이나 가루청국장 1/2 스푼
- **소스** : 발효액, 식초, 참기름, 간장 1 스푼, 소금

만드는 법

1. 새싹과 새순은 맑은 냉수에 헹구어 채에 받쳐 물기를 뺀다.
2. 양상추는 먹기 좋은 크기로 손으로 찢어 맑은 냉수에 담갔다가 건져내어 물기를 빼 놓는다.
3. 꽃잎은 수술을 제거하고 냉수에 씻어 물기를 뺀다.(꽃잎은 그대로 쓰거나, 채를 썰어 준비한다)
4. 소스에 들어갈 간장을 넣고 발효액과 식초, 참기름, 취향에 따라 소금으로 나머지 간을 맞춘다.
5. 접시에 양상추, 새싹, 새순을 섞어 담고 소스를 뿌린 뒤, 씨앗과 함께 청국장을 뿌려 낸다.
6. 준비한 꽃을 예쁘게 올려 먹기 전에 섞어 이용한다.

꽃샌드위치

- **재료** : 제철 식용꽃, 식빵, 오이, 피클, 파인애플, 딸기, 키위, 사과, 바나나, 양상추, 적양배추
- **겨자 드레싱** : 겨자 소스에 땅콩가루, 삶아 으깬 계란 노른자, 해바라기 씨, 잣, 호두를 섞는다.

만드는 법

1. 딸기, 키위, 사과, 바나나, 오이 등을 얇게 자른다.
2. 양상추, 적양배추를 채 썰어 씻고 물기를 제거한다.
3. 식빵에 겨자 드레싱을 얇게 바른다.
4. 손질한 야채를 넣고, 준비한 식용꽃을 올려 마무리한다.
5. 간식으로 이용한다.

화전

삼짇날엔 진달래로, 중양절엔 국화로 화전 놀이를 즐기시던 선인들의 지혜를 체험할 수 있는 음식.
설탕 시럽이나 꿀, 조청도 좋지만 조금만 더 정성을 들여 꽃 발효액을 곁들이면 몸에 좋은 기능성 음식을 만들 수 있다.

- **재료** : 찹쌀, 식용꽃(취향에 맞는 갖가지 먹는 꽃), 소금 약간, 식용류, 발효액(진달래나 쑥, 아카시등 등)

만드는 법

1. 찹쌀을 충분히 불려(3~4시간 가량) 물기를 거둔 뒤, 곱게 가루를 낸다.
2. 국화 종류는 꽃잎만 떼어내고 장미 종류나 동백은 꽃잎을 떼어내고 포개어서 곱게 채를 썰어 준비한다.
3. 접시에 발효액을 한 숟가락 정도 넣고 고루 펴 놓는다.
4. 찹쌀 가루에 소금물로 간을 맞춰 되직하게 반죽하여 놓은 뒤, 꽃의 절반 정도는 반죽 위에 뿌려 준비한다.
5. 팬을 따뜻하게 달군 뒤 반 수저 정도 떠서 올려 놓고, 동그랗고 도톰하게 모양을 잡는다.
6. 반쯤 투명하게 익으면 뒤집어서 나머지 썰어놓은 꽃을 조금 올려 장식한다.
7. 투명하게 익으면 꺼내어 발효액을 넣은 접시에 올려 달라붙지 않도록 하고, 한 김 식혀 준다.
8. 상에 낼 접시에 이쁘게 장식하여 담아낸다.

주의할 점

- 팬의 온도를 너무 높이면 모양이 이쁘지 않게 나오기 때문에 지단을 부칠 때와 같은 낮은 불이 좋으며, 꽃이나 전이 타지 않도록 조심한다.
- 진달래나 국화의 발효액을 만들어 화전과 함께 먹으면, 그리 달지 않으면서 쫄깃하고 담백한 맛을 즐길 수 있다.

꽃주먹밥

김밥이나 주먹밥은 쉽게 먹을 수 있는 음식이다. 여름철이나 도시락으로 이용할 때에 촛물을 넣어 만들면, 차게 먹어도 체기가 생기지 않으며 신선하게 먹을 수 있어 좋다. 고기를 싫어하는 사람들의 술안주로도 손색이 없는 밥안주가 되며, 야채만을 이용하여 나만의 밥을 만들어 건강 음식으로 이용할 수도 있다. 갖가지 풀과 꽃의 신선함을 느낄 수 있어 맛나고 아름다우며 손쉽게 아이들과도 함께 할 수 있는 음식이다.

꽃은 옆에서 지켜보며 함께 할 수 있다는 것만으로도 행복하다. 꽃을 보는 순간 황홀한 여유로움이 무거운 마음을 잠시 잊게 하기 때문이다. 지치고 힘들 때 꽃을 만지며 혼잣말로 중얼거리며 대화를 한다. 꽃을 말 없이 들어주고, 아름다운 모습으로 웃어 준다. 이렇게 고운 꽃으로 요리를 하여 가족이나 연인들을 위해 내어 놓으면, 꽃이 주는 행복에 정성 깃든 사랑의 마음까지 보낼 수 있어 풍성한 기쁨을 얻을 수 있을 것이다.

- **재료** : 보리쌀, 멥쌀, 좁쌀을 섞어 지은 밥 1 공기, 식용꽃(팬지꽃, 장미꽃, 배추꽃, 별꽃풀싹이나 냉이싹)
- **밥 양념** : 소금 1, 식초 1, 설탕 1/2을 넣어 만든 단촛물, 참기름, 볶은 검정깨 약간
- **밥 고명** : 무 장아찌, 단무지 또는 묵은지를 씻어 다진 것 약간, 김 1/2 장

만드는 법

1. 보리쌀은 불려서 삶은 뒤, 멥쌀과 좁쌀을 넣고 고실하게 밥을 지어 놓는다.
   (통보리를 한번 삶아 익힌 뒤, 소쿠리에 건져 물기를 빼고 냉장고에 보관하여 밥을 지을 때마다 조금씩 섞으면 뜸이 잘 들고, 언제든지 쉽게 보리밥을 할 수 있다)
2. 고명에 들어갈 재료를 잘게 다져 거즈로 물기를 꼭 짜낸다.(단, 김치는 한번 씻어 속을 털어내고 다진다)
3. 소금과 식초, 설탕으로 단촛물을 만들고 밥이 뜨거울 때 넣어 고루 섞은 뒤, 참기름과 검정깨, 밥 고명을 넣어 먹기 좋은 크기로 모양을 만든다.
4. 김을 가위로 잘라 굵은 띠를 만들어 준비한다.
5. 꽃은 꽃잎만 떼어 소금을 넣은 냉수에 씻어 물기를 뺀다.
   (연한 새싹이나 풀꽃들도 뿌리를 제거하고 깨끗이 손질하여 소금물에 씻어 준비한다)
6. 모양을 만들어 놓은 밥에 꽃을 올리고 김으로 만든 띠로 고정하여 접시에 담아낸다.

꽃떡

아기들 돌 떡으로 수수경단을 만들어 먹던 음식이 변하여 찹쌀떡이 되고, 어느 때에는 카스테라 빵가루를 고물로 묻혀 먹기도 했지만, 팥고물을 만들기 곤란할 때는 쉽게 구할수 있는 땅콩가루나 깨가루를 이용하여 만들 수도 있으니 떡이란 참으로 다양하게 응용할 수 있는 재미난 음식이다. 음식은 시간이 많이 걸리고 손쉽게 구할 수 없는 재료를 고집하면 만들어 보기가 쉽지 않다. 때문에 자연스럽게 제철에 나거나, 저장해 두었던 재료들을 응용하는 것이 만들기도 쉽고 만드는 재미도 느낄 수 있어 좋다.

- **재료** : 찹쌀가루 2컵, 쑥(데친 것) 20g, 발효액 1 큰술, 소금물(소금 1 작은술, 물 1컵)
- **소** : 팥고물 1/3컵, 계피가루
- **꽃물** : 건조된 맨드라미꽃, 호박꽃 2 송이, 발효액 1 작은술, 속 1 큰술, 흰참깨 1/2컵, 검은깨 볶은 것 1/2컵, 식용꽃(국화꽃, 장미꽃, 팬지꽃, 제비꽃 등)

만드는 법

1. 맨드라미꽃은 씨앗이 들어가지 않게 손질하여 잘게 찢어놓고, 호박꽃도 수술을 제거하고 잘게 찢어 둔다.
2. 믹서기에 꽃을 넣고 꽃이 잠길 정도로 물을 부어, 천일염을 5알갱이 정도 넣고 갈아 그 물을 고운 채에 걸러 준비한다.
3. 찹쌀 불린 것과 쑥 데친 것을 믹서기에 함께 넣어 가루낸 다음, 채에 한번 더 내려 꽃물로 반죽한다.
4. 팥고물에 계피와 효소, 소금을 조금씩 고루 섞어 준 다음, 반죽한 쌀을 밤알 크기로 떼어 그 속에 소를 조금 넣고 완자를 만든다.
5. 준비된 식용꽃은 꽃잎만을 떼어 돌돌 말아 곱게 채 썰고 흩어지지 않게 모양을 낸다.
6. 솥에 물이 끓으면 완자를 넣고, 물 위로 완자가 뜰 때 건져내어 흰깨와 검은깨 위에 굴려 주는데, 이때 준비한 식용꽃을 완자 위에 먼저 올려 모양을 잡고 깨를 입힌다.

주의할 점

- 맨드라미꽃의 씨앗에는 약성이 있으나 독성도 함께 가지고 있으므로 함부로 사용하면 안된다.
- 대부분의 꽃 수술에는 알레르기를 일으키는 꽃가루가 다량으로 함유되어 있으므로 손질시 주의해야 한다.

탕평채

초나물에 녹두묵을 썰어 넣고 무친 음식으로 조선 영조 때, 탕평책(蕩平策)을 논하는 자리에 음식상에 처음으로 올랐다 하여 탕평채라 한다. 때문에 화합을 위한 음식이라는 상징성도 가지고 있다. 오색(五色)의 고명과 청포묵의 밝은 흰색이 어우러지고, 매끈한 묵의 감촉과 사각거리는 야채의 질감이 조화로운 음식. 어느 쪽에도 치우침 없이 공평하다는 뜻을 지닌 '탕탕평평(蕩蕩平平)'. 어원과 같이 탕평채는 영양학적으로도 완벽한 균형을 갖춘 음식으로도 손꼽히며, 오방색(五方色)이 고루 섞여 시각적으로도 큰 즐거움을 주는 음식이다.

- **재료** : 묵(황포묵이나 청포묵) 300g, 미나리 70g, 말린 표고버섯 3개, 숙주나물 100g, 구운 김 1 장, 쇠고기 50g, 식용꽃(노란장미꽃이나 동백꽃) 한 두 송이, 달걀 3개
- **양념** : 식용류, 볶은 참깨, 참기름, 식초, 발효액(적포도), 간장, 다진 마늘, 다진 파, 후추 약간
- **소스** : 간장, 식초, 설탕이나 발효액을 동량으로 섞어 준비한다.

만드는 법

1. 묵은 5cm가량으로 잘라 굵게 채 썰고, 미나리는 줄기만 4cm가량으로 잘라 소금물에 살짝 데쳐 찬 냉수에 담가 놓는다.
2. 숙주나물(녹두나물)은 머리와 꼬리를 손질해 소금물에 살짝 데쳐 찬 냉수에 담가 놓는다 .
3. 말린 표고버섯을 미지근한 물에 설탕을 조금 넣어 불린다.(설탕물에 담그면 표고가 빠른 시간에 불려진다)
4. 표고가 부드럽게 불려지면, 밑둥을 잘라 두꺼운 잎부분을 반으로 얇게 저미고 곱게 채썰어 소금과 참기름을 넣어 살짝 볶는다.
5. 쇠고기는 지방을 제거하고 곱게 포를 떠 채썰고, 간장, 적포도 발효액, 참깨, 다진 마늘, 다진 파, 후추, 참기름을 넣어 살짝 주물러 절인 후 볶는다.
6. 달걀은 노른자와 흰자를 불리해 지단을 얇게 부치고, 식은 뒤에는 곱게 채 썬다.
7. 김도 채로 썰어 준비한다.
8. 준비된 식용화의 꽃잎만 떼어내어 소금을 넣은 냉수에 씻어 물기를 제거한 뒤, 여러 장을 겹쳐 곱게 채를 썬다. (노란색, 붉은색, 흰색 등 여러 꽃을 고루 섞어 준비한다)
9. 준비한 모든 재료를 접시에 고루 담아 소스를 뿌리고, 마지막에 채 썬 꽃을 올려 마무리한다.

구절판

옛날식 궁중요리로 아홉 구멍 난 나무판에 여러 모양의 재료를 넣어 밀쌈과 겨자즙으로 맛을 음미했던 음식이다. 꽃으로 색을 낸 쌈에 야채와 고기를 싸서 과일 소스나 잣 소스와 함께 이용하는 이 음식은, 근래에 들어서 좀더 색다른 느낌의 다양한 재료를 응용하여 재미있고 화려한 음식으로 변화되었으며, 예전보다 많은 사람들이 즐기고 있다.

- **재료** : 밀가루 1/2컵, 물, 소금, 맨드라미 꽃, 연잎을 갈은 물, 중간 크기의 무우 1/3개, 말린 표고버섯, 석이버섯 10장, 계란 3개(약간의 소금 간), 소고기 200g(다진 파, 다진 마늘, 후추, 간장, 참기름, 설탕으로 재어 놓은 것), 오이 2개, 당근 1개, 식용꽃(장미, 진달래, 동백꽃 등)
- **소스** : 간장, 설탕, 식초, 다시마 육수, 겨자즙(밑둥이를 끓여서 우린 물)을 동량으로 섞어 준비한다.
  잣가루를 뿌려 이용하면 맛과 향이 더욱 좋다.

만드는 법

1. 밀가루를 고운 채에 한번 내려, 준비한 꽃물(색깔 별로 준비)에 약간의 소금을 넣어 녹인 뒤 개어 놓는다.
2. 약한 불에 꽃물을 섞어 개어 놓은 밀가루 1/2 스푼을 떠 넣고 동그랗고 얇게 부쳐 익힌다.
3. 나무젓가락을 이용해 뒤집고 투명하게 익으면 서로 달라 붙지 않도록 꺼내어 식혀 놓는다.
4. 무는 둥글고 얇게 썰어, 소금 1 : 설탕 3 : 물 3 : 식초 3 비율로 섞은 촛물에 간이 배도록 하루 전에 담가 놓는다.
5. 표고버섯은 미지근한 물에 불려 얇게 포를 떠서 곱게 채 썰고 양념을 하여 살짝 볶아준다.
6. 석이버섯은 미지근한 물에 불려 깨끗이 손질한 후, 여러 장을 겹쳐 말아 곱게 채 썰고 약간의 소금간과 양념을 하여 식용류를 넣고 살짝 볶아준다.
7. 소고기는 살코기 부분만 얇게 포를 떠서 곱게 채를 썰고, 양념을 하여 볶는다.
8. 계란은 노른자와 흰자를 분리하여 소금을 넣어 녹인 뒤 고운 채에 내려 거품을 걷어내고(노른자 위에 흰자를 조금 섞어주면 퍽퍽하지 않고 고운 지단을 만들 수 있다), 약한 온도에서 달궈진 팬에 곱게 부친 후 식으면 3cm 크기로 곱게 채를 썬다.
9. 당근은 3cm 크기로 토막내어 곱게 저민 뒤에 고운 채로 썰고, 소금을 조금 넣어 뜨거운 팬에 재빠르게 익혀내어 식힌다.
10. 오이는 굵은 소금으로 거친 표면을 물질러 씻은 뒤, 3cm 크기로 토막내어 겉껍질을 돌려 깎고 곱게 채를 썰어 뜨겁게 달궈진 팬에 소금과 식용류를 넣어 재빠르게 볶아 식힌다 .
    (야채는 센불에서 재빠르게 볶아내어 넓은 접시에 펼쳐서 식혀야 색과 씹는 맛이 좋다)
11. 꽃은 손질하고 꽃잎만 떼어 냉수에 소금을 넣고 살짝 씻어 물기를 뺀 뒤, 색깔 별로 곱게 채 썰어 준비한다.
12. 준비된 모든 재료를 색을 맞춰 접시에 담고, 밀쌈에 취향에 맞는 재료를 넣어 소스와 함께 이용한다.

버섯구이

송이버섯은 소나무에 기생하는 버섯으로 가격이 매우 비싸서 구하기가 쉽지 않으며, 제철이 아니면 먹어 보기도 힘들다. 다만 새송이버섯이 송이버섯과 모양이 흡사하기 때문에 응용하여 요리에 이용할 수 있다. 솔잎 위에 올려 살짝 구운 송이는 솔향을 머금기 때문에 신선함의 신비를 느낄 수 있고, 새싹과 먹는 꽃을 첨가하여 씹히는 맛과 색감을 더하니 귀한 상차림에 건강 음식으로 내어 놓으면 좋을 음식이다.

- **재료** : 새송이 버섯 3개, 생 솔잎, 솔잎 발효액
- **고명** : 식용꽃(장미, 카네이션 등), 모듬 새싹
- **기름장** : 소금 1 작은술, 참기름 1 스푼

만드는 법

1. 새송이 버섯을 짤막하고 통통한 것으로 골라 4 등분한다.
2. 솔잎은 송진을 제거하고 소금물에 씻어 물기를 빼고, 접시에 가지런히 깔아 놓는다.
3. 참기름에 소금을 녹여 기름장을 준비한다.
4. 꽃잎이 작은 카네이션 종류의 꽃은 꽃잎만 따서 사용하며, 장미와 같이 꽃잎이 큰 꽃은 채를 썰어 준비한다.
5. 기름기 없이 달궈진 팬에 송이버섯 썰은 것을 즙이 나올 때까지 앞뒤로 굽는다.
6. 솔잎 위에 버섯을 담아낸 뒤 새싹을 올리고 기름장을 뿌린 후, 솔잎 발효액과 꽃잎을 고명삼아 예쁘게 올린다.

발효액 이용법

- 발효액을 만들어 음료나 술로만 이용하기 보다는, 다양하게 요리에 응용하고 접목시켜서 생선이나 나물 요리의 마지막에 곁들여 맛을 내거나, 겉절임이나 샐러드에 소스로 쓰고, 김치를 담글 때나 고기류 요리에 조미료로 사용하면 귀한 주방의 보물이 된다.

어탕수

간과 혈을 보하는 어탕수는, 가끔 별식으로 해 먹던 탕수육을 응용한 요리로 생선과 꽃을 활용하고, 고명을 우리의 전통색인 오색(五色)에 연결시켜 정성스러운 마음을 담아내기에 충분한 음식이다. 거기에 신선한 식용화꽃 튀김을 더하여 오묘한 신비로움까지 느끼게 해 주며, 산야초 발효액을 첨가하여 건강 음식의 고급스러운 품위마저 느끼게 한다. 일상에서 빈번하게 접하는 요리를 재료의 선택을 조금 달리하여 또 다른 멋과 맛이 살아나는 모습을 보면서 만드는 내내 흐뭇하고 즐거웠던 기억이 있다. 음식은 그러한 기억이 전달되는 마음의 또 다른 장(場)이라 생각된다.

- **재료** : 반건명태, 식용꽃(금잔화, 해바라기, 동백꽃, 꿀풀꽃 등), 소금, 흰후추, 생강즙, 녹말가루, 청 · 홍 · 황색 피망, 양파, 표고버섯
- **소스** : 간장, 식초, 흑설탕(또는 발효액), 식용류 약간

만드는 법

1. 반건조된 명태를 반으로 가르고 뼈를 발라 먹기 좋은 크기로 자른다.
2. 흰후추, 생강즙, 소금으로 살짝 밑간을 한 뒤, 30분 가량 재었다가 냉동실에 넣어 살짝 얼린다.
3. 금잔화를 1/2이나 1/3등분으로 잘라 준비하고, 피망과 양파, 버섯을 손질하여 꽃과 비슷한 크기로 작게 썰어 둔다.
4. 냄비에 물을 넣어 끓으면 소금을 약간 넣고, 꽃을 뺀 나머지 야채를 종류별로 살짝 대쳐 넓은 그릇에 펼쳐 식힌다.
5. 야채를 데치고 난 물을 1/3컵 정도 덜어내어, 녹말 가루 1 스푼을 넣어 잘 섞는다.
6. 야채 데친 물의 나머지에 간장과 소금, 흑설탕(발효액)을 넣어 간을 맞춘다.
7. 간을 맞춘 물에 식초를 넣어 새콤달콤하게 맛을 낸 뒤, 풀어 놓은 물녹말을 조금씩 부어가며 조금 걸죽한 소스를 만든다.
8. 튀김 냄비에 식용류를 넣어 뜨겁게 달궈 놓는다.
9. 냉동실에서 얼려놓은 생선을 꺼내어 녹말가루를 입혀 놓고, 손질된 꽃도 안쪽에만 녹말가루를 묻힌다.
10. 기름이 뜨겁게 달궈지면 꽃을 먼저 튀겨내고, 생선도 튀겨낸다.
11. 접시에 튀겨진 생선을 올려 놓고 야채로 색의 조화를 맞춘 뒤, 뜨거운 소스를 붓는다.
12. 꽃튀김을 얹어 마무리한다.

주의할 점

- 꽃은 높은 온도에서 오래 튀기면 색이 변하므로 주의한다.
- 튀김은 두 번 튀겨 수분을 제거하고, 기름종이 위에서 잔여 기름을 제거한다.
- 발효액은 열에 약하기 때문에 살아있는 기능이 유지되도록, 불을 끈 마지막에 단맛의 간을 맞춘다.

글을 마치며

요즈음 건강식과 약선(藥膳) 요리가 각광을 받고 있다고 하지만, 꽃 요리에 대해서는 아직도 새로운 서양의 유행쯤으로 여기는 일이 많다. 6 · 25의 참상과 일본에게 당한 설움의 시간이 잔상(殘像)처럼 남아 있는 우리에게 '화식(花食)' 이라는 것이 어쩌면 사치스러운 일상의 단면처럼 느껴지기 때문인지도 모른다. 그러나 산과 물이 풍부했던 우리의 자연 환경은 언제나 우리 밥상을 여러 식물들로 채웠으며, 그러기에 꽃 요리는 낯선 것이 아닌 고통과 재건의 100여 년 시간 속에서 잠시 잊고 살았던 우리 본연의 것이라고 할 수 있다.

예로부터 화식(花食)은 각 시대마다 풍요(豊饒)와 풍류(風流)를 즐기는데 큰 역할을 하였다. 조선시대 궁중 절식(節食)인 삼짓날의 진달래 화전, 중앙절의 국화전과 국화주는 이러한 우리의 화식(花食) 문화를 대표적으로 보여주는 예이다. 또한 궁중이나 반가(班家)의 여인들은 아름다움을 지키기 위해 꽃차를 상용하였고, 꽃이 식물의 생식기를 의미한다하여 풍년과 다산(多産)을 기원하는 데 사용하기도 하였다. 그러기에 인동꽃, 달맞이꽃, 국화꽃 등을 우리 생활과 음식에 사용한 예는 옛 기록에도 다양하게 서술되어 있다.

몇 해 전부터 서양의 허브 바람이 일면서 우리 꽃차에 대한 인식과 기호가 변하였고, 현재는 꽃 요리에 대한 재발견을 시도하고 있는 시점이다. 불과 얼마 전까지만 해도 식탁의 한 구석을 장식하던 꽃이 이제는 어엿한 음식으로 사람들의 지친 정서를 밝고 기쁘게 해 주고 있으니 참으로 즐거운 일이다. 꽃 요리를 접하고 놀라며, 어린 추억을 되찾는 사람들을 보면 흐뭇함으로 마음이 훈훈해진다. 이런 때에 꽃과 함께 한 시간을 더듬어 글을 써 나간 것이, 이 새로운 흐름에 누(累)가 되지 않을까하는 조심스러운 마음이다.

다양한 색과 향내를 풍기는 여러 꽃들. 이런 꽃들이 모두 먹거리에 적합한 것은 아니다. 화원의 꽃은 농약이 두렵고, 길가의 꽃은 무엇이 독초인지 몰라 두렵다. 요즘에는 먹는 꽃을 전문적으로 취급하는 대형 농장도 있고 마트에서도 구입할 수 있지만, 자신이 알고 사랑하는 꽃을 텃밭이나 화단에 심어 야채와 같이 길러 먹는다면 일석이조가 아닐까 한다. 또 꽃을 음식으로 이용할 때에는 체질에 따라 꽃가루의 특수한 성분이 알레르기를 유발할 수 있으니, 꽃의 손질에 주의를 기울여야 한다.

특별한 맛이 없는 식용 꽃도 있지만, 대부분의 꽃들은 시큼하거나 쌉쌀하거나 매콤달콤한, 다양한 맛을 지니고 있다. 화려한 색과 향을 이용하여 요리에 응용하면 색다른 기쁨도 얻을 수 있다. 꽃으로 요리하니 만드는 사람이 행복하고, 만드는 사람이 행복하니 그 음식 또한 정성이 가득한 보약이 되는 것이다.

우리의 꽃은 서양의 꽃과는 향과 맛에 차이가 있다. 고향의 정서에 따른 차이라고도 할 수 있는 미묘한 차별성. 서양의 학자나 연구가들이 우리의 강산에서 야생화 텃밭을 찾아 나서고 있을 정도이니, 우리 꽃이 지닌 순수함의 질적 수준을 가늠해 볼 수 있다. 사람들에게 내 고장에서 나는 식물의 활용가치를 알려주고 감사하는 마음을 가르쳐 주며, 봄에서 여름, 그리고 가을과 겨울의 계절 변화에 따른 인내를 배우게 하는 우리 꽃. 풀 속에 숨은 꽃들의 유혹에 이끌려 오늘도 바구니를 들고 들과 산으로 나간다.

음식으로 고치지 못하는 병은 약으로도 고칠 수 없음을 알았던 우리의 옛 명인, 선조들의 말씀을 되새기며 우리 주변에서 자생하는 풀꽃으로 몸과 마음의 행복을 되찾기 바라는 마음이다.

2008년 1월

김 현 희

산야초 연구회 강좌

효소발효액 강의(10시간) 질병에 따른 효소발효액, 방제식 효소발효액(실습 포함)
산야초 강의(10시간) 산야초의 효능별 · 과별 분류(야외 답사 포함)
산야초와 효소의 응용(4시간) 산야초차, 산야초로 만드는 장(醬)류, 약이 되는 산야초 음식

▶ **구성 :** 매주 1회 24강좌(총 6개월 과정) / **인원 :** 목 · 금 · 토 반(각 15명) / **시간 :** 10:00~ (3시간씩)

교육문의 : 최양수 010-8994-4252

- 건강한 삶을 추구하시는 분
- 전통음식 사업에 종사하시는 분
- 귀농(歸農)을 준비하시는 분
- 생태 농장을 운영하시는 분
- 약용식물을 재배 · 관리하시는 분

※ 차후 실습반 · 심화반 · 환자반을 운영할 계획이며, 야간반 · 속성반과 기타 지역별로 도의학에 바탕을 둔 본초학 · 진단학 · 방제학을 강의할 예정

사단법인 수향(秀香) 자연식생활 문화원

수향 자연식생활 문화원 산야초 발효 및 자연음식 연중 학기별 정기 강좌, 학원 · 단체 · 기업체 등 맞춤 특강

교육문의 : 김현희 010-7309-1393 / **팩스** (063) 231-1393

- 지역농산물 및 산야초 활용 음식문화 개선 교육
- 농산물 및 산야초 발효 기능성 식품 개발
- 농산물 및 산야초 발효식품 전문 인력 양성
- 도시와 농촌을 연계한 향토자원 체험 사업
- 농가레스토랑 · 소상공 창업 컨설팅